THE CANON

THE ORIGINAL ONE HUNDRED AND FIFTY-FOUR POEMS

THE CANON

THE ORIGINAL ONE HUNDRED AND FIFTY-FOUR POEMS

C.P. Cavafy

Translated by Stratis Haviaras
Edited by Dana Bonstrom
Foreword by Seamus Heaney
Introduction by Manuel Savidis

Center for Hellenic Studies
Trustees for Harvard University
Washington, D.C.
Distributed by Harvard University Press
Cambridge, Massachusetts, and London, England
2007

The Canon: The Original One Hundred and Fifty-Four Poems
by C.P. Cavafy translated by S. Haviaras, edited by D. Bonstrom
Copyright © 2007 Center for Hellenic Studies, Trustees for Harvard University
Second edition, with polytonic Greek text and revisions. The Greek text is based
on the edition by G. P. Savidis.
All Rights Reserved.
Published by Center for Hellenic Studies, Trustees for Harvard University, Washington, D.C.
Distributed by Harvard University Press, Cambridge, Massachusetts and London, England
Production Editor: M. Zoie Lafis
Cover: Jill Curry Robbins
Interior Design and Production: Kristin Murphy Romano
Printed in Ann Arbor, MI by Edwards Brothers, Inc.

Cavafy manuscripts copyright: The Cavafy Archive/Manuel Savidis
Frontispiece: "Alphabets," monotype by Dimitri Hadzi, ca. 1990. Reproduced courtesy of
the artist's estate.

EDITORIAL TEAM
Senior Advisers: W. Robert Connor, Gloria Ferrari Pinney, Albert Henrichs, James O'Donnell,
Bernd Seidensticker
Editorial Board: Gregory Nagy (Editor-in-Chief), Christopher Blackwell,
Casey Dué (Executive Editor), Mary Ebbott (Executive Editor), Olga Levaniouk,
Anne Mahoney, Leonard Muellner, Ross Scaife
Production Editors: M. Zoie Lafis, Ivy Livingston, Jennifer R. Kellogg
Web Producer: Mark Tomasko

LIBRARY OF CONGRESS CATALOGING-IN-PUBLICATION DATA:
Cavafy, Constantine, 1863-1933
    [Poems. English. Selections]
    The canon : the original one hundred fifty four poems / C.P. Cavafy ; translated by
    Stratis Haviaras ; edited by Dana Bonstrom ; introduction by Manuel Savidis.
        p. cm.
    ISBN 978-0-674-02586-8
    1. Cavafy, Constantine, 1863-1933--Translations into English. I. Haviaras, Stratis, 1935-
    II. Bonstrom, Dana, 1954- III. Title.
    PA5610.K2A6 2007
    889.1'32--dc22

                                                                              2007037940

in memory of G.P. Savidis

FOREWORD

Constantine Cavafy's poems survive translation better than most. One reason for this is the sheer interest of their content: homoerotic amours in exotic settings, the dooms of tyrants, the various crossed destinies of sophists and drifters and soothsayers—his treatment of such matters is enough to convince a non-Greek readership of his genius. Because of their psychological and political acuity, their unfazed at-homeness with the operations of sex and the city, his poems are immediately persuasive and would probably hold up well enough if translated into prose. Cavafy, in fact, could have altered Wilfred Owen's famous apologia for his war elegies ("The poetry is in the pity") and have boasted of his own achievement, "The poetry is in the plotting".

The truth of this is evident in the work already available in English, but to rest the case for Cavafy on what are essentially prose virtues still sells the poetry short. And this is why Stratis Haviaras' decision to maintain a general metrical consistency in his versions had a fundamental rightness to it and has produced such deeply satisfactory results. In his translator's listening post, his bilingual ear picks up the iambic pace of the Greek, measures it in two minds, and more or less keeps step with it in English. Haviaras is himself a poet, so he is at home in his medium and stays equidistant from metronome and monotone. His verse is not on overdrive, but it is still propelled and this sensation of being borne forward by more than character and content is crucial to its success.

Sexual desire, political ambition, artistic need: Cavafy has a singular apprehension of how these forces make themselves felt in individual lives. Their inexorability both enthralls and dismays him, and one of the things that gives the poetry its rare steadiness is his ability to penetrate past circumstance into what is sensed as fate—sensed not only by the poet but by his protagonist and his readers also. Everywhere in these poems there is reverie and hedonism, irony and antiquarianism, but we can never identify the poet himself as a pure and simple daydreamer or hedonist or ironist or antiquarian. Even so, the plane of regard is not over-elevated: the human predicament here is presented neither as divine comedy nor fully blown tragedy, but is seen from a viewpoint located somewhere between Olympus and Gethsemane.

It is not a god's eye view, nor is it altogether brimming with the tears of things human. He neither says "Father, forgive them!" nor "What fools these mortals be!" There is an indeflectible, locked-on quality to Cavafy's gaze, and what he gazes at he goes towards, calmly and clear-sightedly, more coroner than commentator, equally disinclined to offer blame or grant the benefit of the doubt. It's as if everything enters the mirror and is held there, rather as the beauty of the tailor's assistant is inspected and preserved in the crystalline serenity of "The Mirror in the Hallway" (p. 397).

What frames the mirror, or perhaps better say what backs it, is a voice, and what guarantees the voice a hearing is the melody of understanding, the combination of immediate sympathy and regulated intelligence that informs it. Content may be where these poems begin but they cannot attain their end without this voicing. We are lucky that Stratis Haviaras has been so responsive to its bewitching registers and has been able to transpose them and afford them an extra carrying power in English.

Translation, by definition, entails a carrying over, but the extra dimension here derives from a feeling that the poems have not only been carried over but have been carried off, hugged to the breast, as it were, and held in keeping. It strikes me that Stratis Haviaras is not unlike the speaker in the poem, "Myres: Alexandria, 340 CE." Myres, a Christian who nevertheless participated happily in the "all-night revels" of his unchristened companions, has died, and his bereft companion visits the corpse house. There, surrounded by rites very different from those of Poseidon and Apollo which Myres had so often attended but never fully entered, the companion begins to recognize that the friend he cherished is not quite the person being mourned and hurries from the house "before they snatched away, and corrupted / ...my memories of Myres."

Perhaps there is an element of such appropriation in every translation, an implicit staking of the claim, "This much of him is mine." But in the Cavafy-Haviaras relationship, there is a feeling not of appropriation but of return and repossession. It's as if Haviaras, who has spent more than three decades in the English speaking world, experienced there a period of displacement analogous to the displacement that Myres' friend experiences at the wake. We can imagine him in this different anglophone world, in surroundings where the great Greek language poet becomes slightly foreign to him. But then Stratis Haviaras returns to Athens and begins to write again in Greek and when he does, the poet of his native tongue, the one who had almost been "snatched away," belongs to him again. These translations are guaranteed and informed by the abundance and excitement of that restoration.

Seamus Heaney
Glanmore, March 2004

INTRODUCTION

CONSTANTINE CAVAFY WAS BORN IN ALEXANDRIA, EGYPT, on 29 April 1863, and died from complications of throat cancer in the same city on the eve of his seventieth birthday, in 1933. He was the youngest of nine siblings; seven, all boys, survived infancy. His father, Peter-John Cavafy, was an enterprising Greek tradesman from Constantinople who had obtained British citizenship and had company offices in Britain and Egypt. His doting mother, Charicleia Photiades, also a Greek from Constantinople, had dual citizenship as well.

Around 1855, Cavafy's family settled in Alexandria, where there was a sizeable Greek community, and acquired social and economic prominence. After Peter-John's death in 1870, however, the family fortunes started to decline. Charicleia was forced to pack up the family and move to England in 1872, when Constantine was nine years old, in order to be near her brother-in-law (and co-founder of the firm Cavafy and Co.) The family spent the next five years in Liverpool and London, moving back to Alexandria in late 1877, but their stay there was cut short by local unrest. Charicleia once again packed up the younger members of the family and moved to her father's house in Constantinople in June 1882, just a few days before the British fleet bombarded Alexandria. They stayed in Constantinople for three years before receiving insurance compensation for their destroyed home, which enabled them to move back to Alexandria for good.

Constantine settled in Alexandria in October 1885, when he was twenty-two. And settle he did: he rarely left the city after that. He sometimes took short trips to Cairo in the wintertime, as his father had done before him, and took only five documented trips abroad: once to London and Paris in 1897, and otherwise to Athens, in 1901, 1903, 1905 and 1932. He lived with his mother until her death in 1899, and then with his brothers Paul and John, until they, too, moved away. He did not live alone until 1908, at the age of forty-five.

Cavafy received his formal education in England and Alexandria. As a young man in Constantinople he expressed the wish to become involved in politics or journalism, and started publishing articles in newspapers and periodicals. He also wrote and performed romantic poems for adoring family members, and soon started publishing verse, as well. In Alexandria, he first sought employment in the local Stock Exchanges, becoming a registered broker in 1894, and started gambling and investing to supplement his income. In 1892 he became a public servant, as a paid temporary clerk at the Third Circle of Irrigation of the Ministry of Public Works of Egypt. He had renounced his British citizenship in favor of his Greek one, thereby disqualifying himself from any permanent employment in the British-run Ministry, but nevertheless held that "temporary" position for thirty years.

Admittedly a singular personality, Cavafy kept his public and private life rigidly separated. His personal life has been the subject of speculation, which occasionally overshadows his poetic achievements—the more trustworthy accounts of his private life suggest that he was bisexual into his thirties, possibly fathering Aleko Singhopoulo, whom he designated as his heir. It is perhaps worth noting that until Constantine made a name for himself, when his fellow Alexandrian Greeks referred to "The Gay Cavafy" they meant his brother Paul (who was openly homosexual), and when they referred to "The Poet Cavafy" they meant his brother John (who was an accomplished poet in English). Constantine Cavafy, however, had no doubts about his worth as a poet, and tried to ensure that he would be remembered as such, with no modifiers—with the exception of "Greek." In his last Greek passport, issued in 1932, under Occupation he listed "Poet."

As a poet, Cavafy made his public debut in 1886 in Greek, having previously composed verse in Greek, English, and French: he was an assiduous reader, and Robert Browning and Athanassios Christopoulos were among his early influences. In his lifetime, he published 180 original poems (discounting translations), some of which he re-worked extensively. He repudiated 27 early poems published between 1886 and 1898, and left us with 153 published poems—and one finished poem which he amended on his death-bed—as the Cavafic "Canon." He also left in his archive seventy-seven "Unpublished" or "Hidden" finished poems, often accompanied by a note reading "Not for publication: but may remain here," and 30 unfinished poems.

Cavafy trusted no editor but himself: he did publish in literary magazines, annuals and newspapers, but refused offers to collect his poems in book form at least twice, once for a Greek edition and once for an English translation. Instead, he printed his poems privately in broadsheets and made makeshift collections, either chronological or thematic, of these broadsheets for whomever expressed an interest in his poetry. He did not live to see a volume bearing his name; the first edition of his poetic Canon was published posthumously in Alexandria, in 1935.

Despite the lack of a collected edition, Cavafy's poems were widely known, often copied, frequently imitated and sometimes reviled, at least by 1924. The Athenian literary circles were reluctant to admit the greatness of this non-mainland Greek poet, who had essentially transformed the medium with his human modernism. Before the first Athenian edition of the Canon in 1948, Cavafy's poems were circulated mostly in hand-written copies among the cognoscenti (or persons posing as such), and had acquired the overtones of cult, or myth. This publication of the Canon was decisive in proving that there was substance behind the myth, and in 1963—fifty years after the author's death— the first annotated edition of the Canon, edited by George Savidis, irrevocably established Cavafy in Greek consciousness as one of the major Greek poets, regardless of centuries.

Still, there was more to come: in 1968 the first edition of the "Unpublished" poems from the Cavafy Archive appeared (expanded in 1993 with the addition of newly discovered work, including three prose poems), and 1994 saw the edition of the "Unfinished" poems from the same Archive. We thus had the entire Cavafic poetic corpus at our disposal, and these additions did not detract from our appreciation of the Canon—on the contrary, they helped us better understand the man and his work.

Cavafy's brother John was his first translator into English. The second broadsheet which Cavafy printed, in 1897, was a bilingual edition of the poem "Walls," with John's translation facing the Greek original. It was John's first and last published translation, although he continued privately "Englishing" his brother's poems at least until 1920, often with considerable input from Constantine. Though Cavafy was practically bilingual, he relied on George Valassopoulo to supply English translations for E.M. Forster's landmark 1919 article on "The Poetry of C.P. Cavafy." Appreciation of Cavafy's poetry among the English-speaking public grew over the years alongside the published translations of his poetic work—mainly by John Mavrogordato in 1951 (with an introduction by Rex Warner); by Rae Dalven in 1961 (with an introduction by W.H. Auden); and finally by Edmund Keeley and Philip Sherrard in 1975 (edited by George Savidis).

The carefully crafted Cavafic Canon of the 154 poems has passed the test of time with flying colours, and remains one of the great entities of twentieth-century literature. Cavafy might have composed the bulk of his poems in the previous century, but they resonate with a relevance which we deem immediate and contemporary, at least in the Greek original. But though the texts are fixed, their readers are not. We are not the same readers we were 100 or even (assuming we were around then) 30 years ago; our sensibilities and our perception of language and poetry have been altered by the times. That is why a new, contemporary translation of the Canon was in order, so as to give the English-speaking reader the essence of the Cavafic poems, in an immediate, contemporary and poetic manner.

Manuel Savidis
Athens
January 2004

TRANSLATOR'S PREFACE

He [the translator] must use all his talents, his understanding of the language and of the meaning of his original and his own skill in verse, to make a new piece of verse-work which represents, to him, what the original would be, might be, or ought to be, must be, in English.

Richmond Lattimore, "Practical Notes on Translating Greek Poetry."
Harvard Studies in Comparative Literature, 23, On Translation.

This translation of C.P. Cavafy's *Canon* (the one hundred and fifty-four poems he published—though not in book form—during his lifetime) was inspired by the occasion of the one hundred and fortieth anniversary of his birth and the seventieth anniversary of his death, in 2003. I had begun to "translate" Cavafy in my mind thirty years earlier, not long after completing an undergraduate thesis on the poems, and shortly after the publication of a fourth collection of my poems (in Greek) in 1972. This was just one year before I began to write poetry in English. In that literary no-man's-land year, I also edited a special issue of *Arion's Dolphin* under the heading "35 Post-War Greek Poets"—the poems for which were translated into English.

Without those years of preparation, shuttling between Greek and English in both subject matter and craft, it would have been impossible for me to address Cavafy's sense of rhythm, use of language and the particularity of his vocabulary; his inventiveness, tone, and searing irony.

Cavafy wrote strictly in iambs. His mature and most accomplished poems are comprised of verses of varying syllabic length. His earlier poems employ a variety of rhyming schemes. I have made, in this volume, the decision to preserve several of these earlier poems in rhyme, aided in this effort by Mr. Bonstrom's facility with rhymed pairs and meter. Others, I decided, would not survive the strain of "rhymification." I leave it to the reader of both Greek and English to judge the success of our undertaking.

Some of the dilemmas faced by translators in rendering the Cavafy opus into English—versification, choice of words, and the transliteration of proper or place names that originate in Greek, Latin, and other languages—were already evident in the two historic translations of the poems: Rae Dalven's *The Complete Poems of Cavafy* (Harcourt, Brace & World, Inc., 1961); and Edmund Keeley and Philip Sherrard's *C.P. Cavafy, Collected Poems* (Princeton University Press, 1975). Evident there, too, was the dexterity of those "added artificers" in grappling with the dilemmas at hand. Whatever "new" I hope to accomplish depends on my ability to approach the poems as a poet writing in both languages—to paraphrase two lines from the great Alexandrian's "Ammones":

> *so that their rhythm, so that each and every phrase*
> *proves that he who translates a poet is a poet too.*

Turning, now, to the Englishing of the Canon: I looked for a collaborator who would bring richness and authenticity to the final form of the translation. Together we would face the challenge of infusing color and beauty into new English versions of the famously and extensively translated poems of the Alexandrian. I sought a writer who understood, as Cavafy did, that the rhythms of the translation should reflect the rhythms of the original. For me, there was only one choice. Years of friendship and a shared passion for language and its uses—played out in hours of discussion of our writing—confirmed my happy choice of Dana Bonstrom. In recent years, we had worked together in the rendering of contemporary poems from Greek into English, and those fine results convinced me to solicit his participation in this project.

Manuel Savidis brought his extensive knowledge of Cavafy and his fluency in both Greek and English to the final version of the translation. The poets Don Share of Boston, Massachusetts, and Christophoros Liontakis of Athens, Greece, and my wife, Heather Cole, read drafts of the rendered poems and made thoughtful suggestions.

The endnotes for the poems are based on Professor G.P. Savidis' notes in the 1963 edition of *Poems* (1896—1933) by C.P. Cavafy, published by Ikaros of Athens, Greece.

Stratis Haviaras
Cambridge, Massachusetts
January 2004

TABLE OF CONTENTS

THE CANON

1896–1910

1915

1916

1917

1918

1919

1920

1921

1926

1927

1928

1929

The Canon
1896–1910

Τείχη

Χωρὶς περίσκεψιν, χωρὶς λύπην, χωρὶς αἰδὼ
μεγάλα κ' ὑψηλὰ τριγύρω μου ἔκτισαν τείχη.

Καὶ κάθομαι καὶ ἀπελπίζομαι τώρα ἐδῶ.
Ἄλλο δὲν σκέπτομαι: τὸν νοῦν μου τρώγει αὐτὴ ἡ τύχη·

διότι πράγματα πολλὰ ἔξω νὰ κάμω εἶχον.
Ἄ ὅταν ἔκτιζαν τὰ τείχη πῶς νὰ μὴν προσέξω.

Ἀλλὰ δὲν ἄκουσα ποτὲ κρότον κτιστῶν ἢ ἦχον.
Ἀνεπαισθήτως μ' ἔκλεισαν ἀπὸ τὸν κόσμον ἔξω.

Walls

Cruelly, neither pitying nor caring,
they've raised around me walls both high and wide.

And so I sit here hopelessly despairing
with just one thought: this fate gnaws deep inside;

so much in life I needed to attend.
How was it that their work I didn't see?

I never heard the builders, in the end.
Now from the world they've separated me.

Ἕνας Γέρος

Στοῦ καφενείου τοῦ βοεροῦ τὸ μέσα μέρος
σκυμένος στὸ τραπέζι κάθετ' ἕνας γέρος·
μὲ μιὰν ἐφημερίδα ἐμπρός του, χωρὶς συντροφιά.

Καὶ μὲς στῶν ἄθλιων γηρατειῶν τὴν καταφρόνεια
σκέπτεται πόσο λίγο χάρηκε τὰ χρόνια
ποὺ εἶχε καὶ δύναμι, καὶ λόγο, κ' ἐμορφιά.

Ξέρει ποὺ γέρασε πολύ· τὸ νοιώθει, τὸ κυττάζει.
Κ' ἐν τούτοις ὁ καιρὸς ποὺ ἦταν νέος μοιάζει
σὰν χθές. Τί διάστημα μικρό, τί διάστημα μικρό.

· Καὶ συλλογιέται ἡ Φρόνησις πῶς τὸν ἐγέλα·
καὶ πῶς τὴν ἐμπιστεύονταν πάντα — τί τρέλλα! —
τὴν ψεύτρα ποὺ ἔλεγε· «Αὔριο. Ἔχεις πολὺν καιρό.»
Θυμᾶται ὁρμὲς ποὺ βάσταγε· καὶ πόση

χαρὰ θυσίαζε. Τὴν ἄμυαλή του γνῶσι
κάθ' εὐκαιρία χαμένη τώρα τὴν ἐμπαίζει.

.... Μὰ ἀπ' τὸ πολὺ νὰ σκέπτεται καὶ νὰ θυμᾶται
ὁ γέρος ἐζαλίσθηκε. Κι ἀποκοιμᾶται
στοῦ καφενείου ἀκουμπισμένος τὸ τραπέζι.

An Old Man

Near the back of the loud and bustling coffeeshop
an old man sits, bending over his tabletop;
with only a paper to occupy his time.

And there in the cold wretchedness of his old age
he recalls what little joy he took in the days
when he still had his strength, his voice, a face so fine.

He knows he's now grown very old, that much is clear;
but it seems only yesterday he was a mere
youth, a young man. Time has flown by; time has flown by.

He asks himself how Reason could have fooled him so;
and wonders why he trusted it—why didn't he know?—
this trickster who assured him, "Time's in good supply."

He recalls once again the impulses restrained,
and pleasures from whose partaking he'd been constrained.
Fearful, he didn't take risks when he was able.

But tired by the thoughts and the memories he's keeping,
the old man grows dizzy, and soon he is sleeping,
his head resting there on the coffeeshop table.

Τὰ Ἄλογα τοῦ Ἀχιλλέως

Τὸν Πάτροκλο σὰν εἶδαν σκοτωμένο,
ποὺ ἦταν τόσο ἀνδρεῖος, καὶ δυνατός, καὶ νέος,
ἄρχισαν τ' ἄλογα νὰ κλαῖνε τοῦ Ἀχιλλέως·
ἡ φύσις των ἡ ἀθάνατη ἀγανακτοῦσε
γιὰ τοῦ θανάτου αὐτὸ τὸ ἔργον ποὺ θωροῦσε.
Τίναζαν τὰ κεφάλια των καὶ τὲς μακρυὲς χαῖτες κουνοῦσαν,
τὴν γῆ χτυποῦσαν μὲ τὰ πόδια, καὶ θρηνοῦσαν
τὸν Πάτροκλο ποὺ ἐνοιώθανε ἄψυχο — ἀφανισμένο —
μιὰ σάρκα τώρα ποταπὴ — τὸ πνεῦμα του χαμένο —
ἀνυπεράσπιστο — χωρὶς πνοὴ —
εἰς τὸ μεγάλο Τίποτε ἐπιστραμένο ἀπ' τὴν ζωή.

Τὰ δάκρυα εἶδε ὁ Ζεὺς τῶν ἀθανάτων
ἀλόγων καὶ λυπήθη. «Στοῦ Πηλέως τὸν γάμο»
εἶπε «δὲν ἔπρεπ' ἔτσι ἄσκεπτα νὰ κάμω·
καλύτερα νὰ μὴν σᾶς δίναμε, ἀλόγά μου
δυστυχισμένα! Τί γυρεύατ' ἐκεῖ χάμου
στὴν ἄθλια ἀνθρωπότητα ποὖναι τὸ παίγνιον τῆς μοίρας.
Σεῖς ποὺ οὐδὲ ὁ θάνατος φυλάγει, οὐδὲ τὸ γῆρας
πρόσκαιρες συμφορὲς σᾶς τυραννοῦν. Στὰ βάσανά των
σᾶς ἔμπλεξαν οἱ ἄνθρωποι.»— Ὅμως τὰ δάκρυά των
γιὰ τοῦ θανάτου τὴν παντοτεινὴ
τὴν συμφορὰν ἐχύνανε τὰ δυὸ τὰ ζῶα τὰ εὐγενῆ.

The Horses of Achilles

When they saw that Patroklos had been slain,
that one so strong, so young and so valiant,
Achilles' horses began to weep;
their immortal spirits enraged
to witness the handiwork of death.
They reared their heads and shook their manes,
scarred the earth with their hooves, and mourned
Patroklos, rendered lifeless, gone,
now useless flesh, his soul no more,
defenseless, never more to breathe,
cast out of life into nothingness.

Zeus saw the immortal horses weep,
and was moved. "I acted thoughtlessly
at Peleus' wedding," he said,
"better we had never given you as a gift,
unhappy horses! What business did you have there
amid the wretched human race, fate's diversion?
You who will never die, will never age,
only fleeting woes may plague you. Men, though,
have drawn you into their own miseries."
And yet it was for death's eternal woes
that those immortal horses shed their tears.

Δέησις

Ἡ θάλασσα στὰ βάθη της πῆρ' ἕναν ναύτη.—
Ἡ μάνα του, ἀνήξερη, πιαίνει κι ἀνάφτει

στὴν Παναγία μπροστὰ ἕνα ὑψηλὸ κερὶ
γιὰ νὰ ἐπιστρέψει γρήγορα καὶ νᾶν' καλοὶ καιροὶ —

καὶ ὅλο πρὸς τὸν ἄνεμο στήνει τ' αὐτί.
Ἀλλὰ ἐνῶ προσεύχεται καὶ δέεται αὐτή,

ἡ εἰκὼν ἀκούει, σοβαρὴ καὶ λυπημένη,
ξεύροντας πὼς δὲν θἄλθει πιὰ ὁ υἱὸς ποὺ περιμένει.

Supplication

The sea drew a sailor into its depths.
His mother, not knowing this, goes to light

a candle at the feet of the Virgin, and
asks good weather and his safe return,

now and then windwardly cocking an ear.
But as she prays, and implores, the ikon

listens, solemnly and sadly, knowing
the son she awaits will never return.

Ἡ Κηδεία τοῦ Σαρπηδόνος

Βαρυὰν ὀδύνην ἔχει ὁ Ζεύς. Τὸν Σαρπηδόνα
ἐσκότωσεν ὁ Πάτροκλος· καὶ τώρα ὁρμοῦν
ὁ Μενοιτιάδης κ' οἱ Αχαιοὶ τὸ σῶμα
ν' ἁρπάξουνε καὶ νὰ τὸ ἐξευτελίσουν.

Ἀλλὰ ὁ Ζεὺς διόλου δὲν στέργει αὐτά.
Τὸ ἀγαπημένο του παιδὶ — ποὺ τὸ ἄφισε
καὶ χάθηκεν· ὁ Νόμος ἦταν ἔτσι —
τουλάχιστον θὰ τὸ τιμήσει πεθαμένο.
Καὶ στέλνει, ἰδού, τὸν Φοῖβο κάτω στὴν πεδιάδα
ἑρμηνευμένο πῶς τὸ σῶμα νὰ νοιασθεῖ.

Τοῦ ἥρωος τὸν νεκρὸ μ' εὐλάβεια καὶ μὲ λύπη
σηκώνει ὁ Φοῖβος καὶ τὸν πάει στὸν ποταμό.
Τὸν πλένει ἀπὸ τὲς σκόνες κι ἀπ' τὰ αἵματα·
κλείει τὲς φοβερὲς πληγές του, μὴ ἀφίνοντας
κανένα ἴχνος νὰ φανεῖ· τῆς ἀμβροσίας
τ' ἀρώματα χύνει ἐπάνω του· καὶ μὲ λαμπρὰ
Ὀλύμπια φορέματα τὸν ντύνει.
Τὸ δέρμα του ἀσπρίζει· καὶ μὲ μαργαριταρένιο
χτένι κτενίζει τὰ κατάμαυρα μαλλιά.
Τὰ ὡραῖα μέλη σχηματίζει καὶ πλαγιάζει.

Τώρα σὰν νέος μοιάζει βασιλεὺς ἁρματηλάτης —
στὰ εἰκοσιπέντε χρόνια του, στὰ εἰκοσιέξη —
ἀναπαυόμενος μετὰ ποὺ ἐκέρδισε,
μ' ἅρμα ὁλόχρυσο καὶ ταχυτάτους ἵππους,
σὲ ξακουστὸν ἀγῶνα τὸ βραβεῖον.

The Funeral of Sarpedon

Zeus grieves profoundly. Patroklos
has slain Sarpedon; and now he
and the Achaians make haste to
steal the body, to defile it.

But Zeus is not about to allow it.
His dearest son—whom he'd abandoned,
for so said the Law—he will at least pay
homage to in death. So he dispatches
Apollo down to the plain, with instructions
to attend to the lifeless body.

Respectful and grieving, Apollo carries
the fallen hero to the river bank.
He washes away the blood and the dust,
and removes all trace of the horrid wounds;
he anoints him with ambrosian perfumes,
and swathes him in bright Olympian robes.
He whitens Sarpedon's skin, and smoothes out
his night-black hair with a pearl-crusted comb.
He arranges the shapely limbs just so.

Now he resembles a young king charioteer—
twenty-five, perhaps twenty-six years old—
in repose after claiming victory
and his prize, in a famous race, with a
golden chariot and the fleetest of steeds.

Ἔτσι σὰν ποὺ τελείωσεν ὁ Φοῖβος
τὴν ἐντολή του, κάλεσε τοὺς δυὸ ἀδελφοὺς
τὸν Ὕπνο καὶ τὸν Θάνατο, προστάζοντάς τους
νὰ πᾶν τὸ σῶμα στὴν Λυκία, τὸν πλούσιο τόπο.

Καὶ κατὰ ἐκεῖ τὸν πλούσιο τόπο, τὴν Λυκία
τοῦτοι ὁδοιπόρησαν οἱ δυὸ ἀδελφοὶ
Ὕπνος καὶ Θάνατος, κι ὅταν πιὰ ἔφθασαν
στὴν πόρτα τοῦ βασιλικοῦ σπιτιοῦ
παρέδοσαν τὸ δοξασμένο σῶμα,
καὶ γύρισαν στὲς ἄλλες τους φροντίδες καὶ δουλειές.

Κι ὡς τὄλαβαν αὐτοῦ, στὸ σπίτι, ἀρχίνησε
μὲ συνοδεῖες, καὶ τιμές, καὶ θρήνους,
καὶ μ᾽ ἄφθονες σπονδὲς ἀπὸ ἱεροὺς κρατῆρας,
καὶ μ᾽ ὅλα τὰ πρεπὰ ἡ θλιβερὴ ταφή·
κ᾽ ἔπειτα ἔμπειροι ἀπ᾽ τὴν πολιτείαν ἐργάται,
καὶ φημισμένοι δουλευταὶ τῆς πέτρας
ἦλθανε κ᾽ ἔκαμαν τὸ μνῆμα καὶ τὴν στήλη.

And so, when Apollo had fulfilled
his duties, he called on the two brothers,
Hypnos and Thanatos, and commanded them
to take the body to Lycia, the rich land.

They set off for the rich land of Lycia,
the two brothers, Hypnos and Thanatos,
and once they had reached the portals
of the palace of the king, there they did
relinquish the splendid corpse,
and returned to their other concerns.

And when the body was received at the palace,
the piteous rites began, with processions,
with honors and dirges and rich offerings
from sacred vessels, as custom accords.
Afterward there arrived from the city
skilled artisans and master stonecutters,
to build the tomb and carve the monument.

Κεριὰ

Τοῦ μέλλοντος ἡ μέρες στέκοντ' ἐμπροστά μας
σὰ μιὰ σειρὰ κεράκια ἀναμένα —
χρυσά, ζεστά, καὶ ζωηρὰ κεράκια.

Ἡ περασμένες μέρες πίσω μένουν,
μιὰ θλιβερὴ γραμμὴ κεριῶν σβυσμένων·
τὰ πιὸ κοντὰ βγάζουν καπνὸν ἀκόμη,
κρύα κεριά, λυωμένα, καὶ κυρτά.

Δὲν θέλω νὰ τὰ βλέπω· μὲ λυπεῖ ἡ μορφή των,
καὶ μὲ λυπεῖ τὸ πρῶτο φῶς των νὰ θυμοῦμαι.
Ἐμπρὸς κυττάζω τ' ἀναμένα μου κεριά.

Δὲν θέλω νὰ γυρίσω νὰ μὴ διῶ καὶ φρίξω
τί γρήγορα ποὺ ἡ σκοτεινὴ γραμμὴ μακραίνει,
τί γρήγορα ποὺ τὰ σβυστὰ κεριὰ πληθαίνουν.

Candles

Days yet to come stretch out before us
like a row of candles, burning brightly—
vivacious candles, golden and warm.

The days that have passed fall behind us,
burned-out candles in a dismal row:
those closest at hand still smoking;
cold candles, melted and deformed.

I don't want to look; their state saddens me;
it saddens me to remember their initial glow.
I look ahead, instead, to my lighted candles.

I don't want to turn back to see, with horror,
how quickly the dark row of candles has lengthened,
how rapidly the number of dead candles has grown.

Τὸ Πρῶτο Σκαλὶ

Εἰς τὸν Θεόκριτο παραπονιοῦνταν
μιὰ μέρα ὁ νέος ποιητὴς Εὐμένης·
«Τώρα δυὸ χρόνια πέρασαν ποὺ γράφω
κ' ἕνα εἰδύλλιο ἔκαμα μονάχα.
Τὸ μόνον ἄρτιόν μου ἔργον εἶναι.
Ἀλλοίμονον, εἶν' ὑψηλὴ τὸ βλέπω,
πολὺ ὑψηλὴ τῆς Ποιήσεως ἡ σκάλα·
κι ἀπ' τὸ σκαλὶ τὸ πρῶτο ἐδῶ ποὺ εἶμαι
ποτὲ δὲν θ' ἀναιβῶ ὁ δυστυχισμένος.»
Εἶπ' ὁ Θεόκριτος· «Αὐτὰ τὰ λόγια
ἀνάρμοστα καὶ βλασφημίες εἶναι.
Κι ἂν εἶσαι στὸ σκαλὶ τὸ πρῶτο, πρέπει
νᾶσαι ὑπερήφανος κ' εὐτυχισμένος.
Ἐδῶ ποὺ ἔφθασες, λίγο δὲν εἶναι·
τόσο ποὺ ἔκαμες, μεγάλη δόξα.
Κι αὐτὸ ἀκόμη τὸ σκαλὶ τὸ πρῶτο
πολὺ ἀπὸ τὸν κοινὸ τὸν κόσμο ἀπέχει.
Εἰς τὸ σκαλὶ γιὰ νὰ πατήσεις τοῦτο
πρέπει μὲ τὸ δικαίωμά σου νᾶσαι
πολίτης εἰς τῶν ἰδεῶν τὴν πόλι.
Καὶ δύσκολο στὴν πόλι ἐκείνην εἶναι
καὶ σπάνιο νὰ σὲ πολιτογραφήσουν.
Στὴν ἀγορά της βρίσκεις Νομοθέτας
ποὺ δὲν γελᾶ κανένας τυχοδιώκτης.
Ἐδῶ ποὺ ἔφθασες, λίγο δὲν εἶναι·
τόσο ποὺ ἔκαμες, μεγάλη δόξα.»

The First Step

The youthful poet known as Evmenes
one day protested to Theokritos:
"For two years now I've written, nothing else;
and yet a single idyll's all I've done,
my only finished work, I'm sad to say.
I see now that it's steep, so awfully steep,
this soaring stairway known as poetry;
and from this very first step where I stand,
I know that I shall never climb beyond."
Theokritos responded, "Words like these
are just so much conceit and blasphemy.
To be on the first step should make you proud;
you really should be pleased with all you've done.
To come this far is not a common feat;
achieving even this is wonderful.
For modest though this first step seems to be,
it raises you quite far above the herd.
To reach this step it's certain you must be
a dweller in the City of Great Thoughts.
And it's a fine and rare accomplishment
belonging to a city such as this.
In its agora you'll meet lawmakers
no miscreant can ever hope to fool.
To come this far is not a common feat;
achieving even this is wonderful."

Ἡ Ψυχὲς τῶν Γερόντων

Μὲς στὰ παληὰ τὰ σώματά των τὰ φθαρμένα
κάθονται τῶν γερόντων ἡ ψυχές.
Τί θλιβερὲς ποὺ εἶναι ἡ πτωχὲς
καὶ πῶς βαρυοῦνται τὴν ζωὴ τὴν ἄθλια ποὺ τραβοῦνε.
Πῶς τρέμουν μὴν τὴν χάσουνε καὶ πῶς τὴν ἀγαποῦνε
ἡ σαστισμένες κι ἀντιφατικὲς
ψυχές, ποὺ κάθονται —κωμικοτραγικὲς—
μὲς στὰ παληά των τὰ πετσιὰ τ' ἀφανισμένα.

The Souls of Old Men

Inside their aged and worn out bodies
reside the souls of old men.
How despondent the poor things are
and how tired of the wretched life they endure.
How they fear losing that life, and how they exalt it,
those perplexed and contradictory
souls that reside—tragicomically—
inside their aged and threadbare skins.

Che fece .... il gran rifiuto

Σὲ μερικοὺς ἀνθρώπους ἔρχεται μιὰ μέρα
ποὺ πρέπει τὸ μεγάλο Ναὶ ἢ τὸ μεγάλο τὸ Ὄχι
νὰ ποῦνε. Φανερώνεται ἀμέσως ὅποιος τόχει
ἕτοιμο μέσα του τὸ Ναί, καὶ λέγοντάς το πέρα

πηγαίνει στὴν τιμὴ καὶ στὴν πεποίθησί του.
Ὁ ἀρνηθεὶς δὲν μετανοιώνει. Ἂν ρωτιοῦνταν πάλι,
ὄχι θὰ ξαναέλεγε. Κι ὅμως τὸν καταβάλλει
ἐκεῖνο τ' ὄχι — τὸ σωστὸ — εἰς ὅλην τὴν ζωή του.

Che Fece ... Il Gran Rifiuto

There comes a day for certain types when they
must state the noble Yes—or noble No.
The one who has the Yes within will show
himself prepared, by speaking it, to say

that he proceeds on faith and sense of pride.
The one who doesn't have it doesn't fret;
if asked again, he'll still say no, and yet
that proper No must evermore abide.

Διακοπὴ

Τὸ ἔργον τῶν θεῶν διακόπτομεν ἐμεῖς,
τὰ βιαστικὰ κι ἄπειρα ὄντα τῆς στιγμῆς.
Στῆς Ἐλευσῖνος καὶ στῆς Φθίας τὰ παλάτια
ἡ Δήμητρα κ' ἡ Θέτις ἀρχινοῦν ἔργα καλὰ
μὲς σὲ μεγάλες φλόγες καὶ βαθὺν καπνόν. Ἀλλὰ
πάντοτε ὁρμᾶ ἡ Μετάνειρα ἀπὸ τὰ δωμάτια
τοῦ βασιλέως, ξέπλεγη καὶ τρομαγμένη,
καὶ πάντοτε ὁ Πηλεὺς φοβᾶται κ' ἐπεμβαίνει.

Intrusion

Rash and naïve creatures, by all odds,
we intrude upon the efforts of the gods.
In Phthia's and Eleusis' palatial halls
Thetis and Demeter to great works aspire
amid heavy smoke and a furious fire,
but from the king's quarters Metaneira falls—
frightened to death, with hair in disarray—
and Peleus, panicked, steps into the fray.

Τὰ Παράθυρα

Σ' αὐτὲς τὲς σκοτεινὲς κάμαρες, ποὺ περνῶ
μέρες βαρυές, ἐπάνω κάτω τριγυρνῶ
γιὰ νἄβρω τὰ παράθυρα.— Ὅταν ἀνοίξει
ἕνα παράθυρο θἆναι παρηγορία.—
Μὰ τὰ παράθυρα δὲν βρίσκονται, ἢ δὲν μπορῶ
νὰ τἄβρω. Καὶ καλλίτερα ἴσως νὰ μὴν τὰ βρῶ.
Ἴσως τὸ φῶς θἆναι μιὰ νέα τυραννία.
Ποιὸς ξέρει τί καινούρια πράγματα θὰ δείξει.

τριγυρνῶ = to wonder

νάβρω –

θἆναι – θένομαι ?

παρηγορία –

να τἄβρω – find

δείχνω – to show

The Windows

Within these darkened rooms where I abide
from day to dismal day, I wearily stride;
I'm searching for the windows. When at last
one opens, it will offer some relief.
There are no windows, such that I can tell;
I've found not one. Perhaps it's just as well:
the light might only impart further grief.
Who knows what other things it might forecast?

Θερμοπύλες

Τιμὴ σ' ἐκείνους ὅπου στὴν ζωή των
ὥρισαν καὶ φυλάγουν Θερμοπύλες.
Ποτὲ ἀπὸ τὸ χρέος μὴ κινοῦντες·
δίκαιοι κ' ἴσιοι σ' ὅλες των τὲς πράξεις,
ἀλλὰ μὲ λύπη κιόλας κ' εὐσπλαχνία·
γενναῖοι ὁσάκις εἶναι πλούσιοι, κι ὅταν
εἶναι πτωχοί, πάλ' εἰς μικρὸν γενναῖοι,
πάλι συντρέχοντες ὅσο μποροῦνε·
πάντοτε τὴν ἀλήθεια ὁμιλοῦντες,
πλὴν χωρὶς μῖσος γιὰ τοὺς ψευδομένους.

Καὶ περισσότερη τιμὴ τοὺς πρέπει
ὅταν προβλέπουν (καὶ πολλοὶ προβλέπουν)
πὼς ὁ Ἐφιάλτης θὰ φανεῖ στὸ τέλος,
κ' οἱ Μῆδοι ἐπὶ τέλους θὰ διαβοῦνε.

Thermopylae

Honor to those who dedicate their lives
to protecting a certain Thermopylae.
Never wavering from their responsibility,
principled and decent in all their deeds,
but capable, too, of pity and compassion;
generous when they are prosperous, and when
they're poor, generous still, in small ways,
giving assistance to the extent that they can;
always speaking with honesty, yet
without malice for those who may lie.

And even greater honor is owed them
if they foresee (and many do foresee)
that Ephialtes will ultimately appear
and in the end the Medes will pass through.

Ἀπιστία

Πολλὰ ἄρα Ὁμήρου ἐπαινοῦντες, ἀλλὰ τοῦτο οὐκ ἐπαινεσόμεθα . . . οὐδὲ
Αἰσχύλου, ὅταν φῇ ἡ Θέτις τὸν Ἀπόλλω ἐν τοῖς αὐτῆς γάμοις ᾄδοντα
«ἐνδατεῖσθαι τὰς ἐὰς εὐπαιδίας,
νόσων τ' ἀπείρους καὶ μακραίωνας βίους.
Ξύμπαντά τ' εἰπὼν θεοφιλεῖς ἐμὰς τύχας
παιῶν' ἐπευφήμησεν, εὐθυμῶν ἐμέ.
Κἀγὼ τὸ Φοίβου θεῖον ἀψευδὲς στόμα
ἤλπιζον εἶναι, μαντικῇ βρύον τέχνῃ:
Ὁ δ', αὐτὸς ὑμνῶν, . . .
*   . . . αὐτός ἐστιν ὁ κτανὼν*
τὸν παῖδα τὸν ἐμόν».

Πλάτων, Πολιτείας Β΄

Σὰν πάντρευαν τὴν Θέτιδα μὲ τὸν Πηλέα
σηκώθηκε ὁ Ἀπόλλων στὸ λαμπρὸ τραπέζι
τοῦ γάμου, καὶ μακάρισε τοὺς νεονύμφους
γιὰ τὸν βλαστὸ ποὺ θἄβγαινε ἀπ' τὴν ἕνωσί των.
Εἶπε· Ποτὲ αὐτὸν ἀρρώστια δὲν θἀγγίξει
καὶ θἄχει μακρυνὴ ζωή.— Αὐτὰ σὰν εἶπε,
ἡ Θέτις χάρηκε πολύ, γιατὶ τὰ λόγια
τοῦ Ἀπόλλωνος ποὺ γνώριζε ἀπὸ προφητεῖες
τὴν φάνηκαν ἐγγύησις γιὰ τὸ παιδί της.
Κι ὅταν μεγάλωνεν ὁ Ἀχιλλεύς, καὶ ἦταν
τῆς Θεσσαλίας ἔπαινος ἡ ἐμορφιά του,
ἡ Θέτις τοῦ θεοῦ τὰ λόγια ἐνθυμοῦνταν.
Ἀλλὰ μιὰ μέρα ἦλθαν γέροι μὲ εἰδήσεις,
κ' εἶπαν τὸν σκοτωμὸ τοῦ Ἀχιλλέως στὴν Τροία.
Κ' ἡ Θέτις ξέσχιζε τὰ πορφυρά της ροῦχα,
κ' ἔβγαζεν ἀπὸ πάνω της καὶ ξεπετοῦσε
στὸ χῶμα τὰ βραχιόλια καὶ τὰ δαχτυλίδια.
Καὶ μὲς στὸν ὀδυρμό της τὰ παλαιὰ θυμήθη·

Perfidy

Although we praise many things in Homer, we shall not praise
this . . . nor shall we praise Aeschylus when he has Thetis say that
Apollo sang at her wedding and predicted for the child she
would bear:
   "'He will be happy, untouched by disease, and
   long-lived,' and his song for my child was so favorable,
   that I was utterly delighted. I hoped then that Apollo's divine lips,
   so skilled in the art of prophecy, would tell no lies.
   But he who sang these things . . .
                       . . . it is he who killed
my son."

Plato, The Republic, II.383

When Peleus took Thetis in marriage
Apollo rose before the splendid feast
and offered blessings for this favored pair
and for the child their union would produce.
He said: this child shall never know disease,
and he shall have long life—these were his words.
Then Thetis was delighted, since the word
of Apollo, well-versed in prophesy,
was every bit as good as surety.
And even while Achilles was growing up,
his beauty now become Thessaly's pride,
Thetis still recalled the god's pronouncements.
But then one day old men appeared with news:
her son Achilles had late been killed at Troy.
Then Thetis ripped her purple robes to shreds,
and tore the rings and bracelets from her hands,
and cast them in her anger to the ground.

καὶ ρώτησε τί ἔκαμνε ὁ σοφὸς Ἀπόλλων,
ποῦ γύριζεν ὁ ποιητὴς ποὺ στὰ τραπέζια
ἔξοχα ὁμιλεῖ, ποῦ γύριζε ὁ προφήτης
ὅταν τὸν υἱό της σκότωναν στὰ πρῶτα νειάτα.
Κ' οἱ γέροι τὴν ἀπήντησαν πὼς ὁ Ἀπόλλων
αὐτὸς ὁ ἴδιος ἐκατέβηκε στὴν Τροία,
καὶ μὲ τοὺς Τρῶας σκότωσε τὸν Ἀχιλλέα.

Recalling in her rage the past she asked:
why was the wise Apollo else engaged,
this poet who spoke so sweetly at the feast;
where was the prophet elsewhere occupied
when in the bloom of youth her son was slain?
And thus the old men answered her: the god
Apollo, he himself had gone to Troy,
and, Trojans by his side, had slain her son.

Περιμένοντας τοὺς Βαρβάρους

— Τί περιμένουμε στὴν ἀγορὰ συναθροισμένοι;

Εἶναι οἱ βάρβαροι νὰ φθάσουν σήμερα.

— Γιατί μέσα στὴν Σύγκλητο μιὰ τέτοια ἀπραξία;
Τί κάθοντ' οἱ Συγκλητικοὶ καὶ δὲν νομοθετοῦνε;

Γιατὶ οἱ βάρβαροι θὰ φθάσουν σήμερα.
Τί νόμους πιὰ θὰ κάμουν οἱ Συγκλητικοί;
οἱ βάρβαροι σὰν ἔλθουν θὰ νομοθετήσουν.

—Γιατί ὁ αὐτοκράτωρ μας τόσο πρωῒ σηκώθη,
καὶ κάθεται στῆς πόλεως τὴν πιὸ μεγάλη πύλη
στὸν θρόνο ἐπάνω, ἐπίσημος, φορῶντας τὴν κορώνα;

Γιατὶ οἱ βάρβαροι θὰ φθάσουν σήμερα.
Κι ὁ αὐτοκράτωρ περιμένει νὰ δεχθεῖ
τὸν ἀρχηγό τους. Μάλιστα ἑτοίμασε
γιὰ νὰ τὸν δώσει μιὰ περγαμηνή. Ἐκεῖ
τὸν ἔγραψε τίτλους πολλοὺς κι ὀνόματα.

— Γιατί οἱ δυό μας ὕπατοι κ' οἱ πραίτορες ἐβγῆκαν
σήμερα μὲ τὲς κόκκινες, τὲς κεντημένες τόγες·
γιατί βραχιόλια φόρεσαν μὲ τόσους ἀμεθύστους,
καὶ δαχτυλίδια μὲ λαμπρά, γυαλιστερὰ σμαράγδια·
γιατί νὰ πιάσουν σήμερα πολύτιμα μπαστούνια
μ' ἀσήμια καὶ μαλάματα ἔκτακτα σκαλιγμένα;

Γιατὶ οἱ βάρβαροι θὰ φθάσουν σήμερα·

Waiting for the Barbarians

What are we waiting for, gathered here in the agora?

The barbarians are supposed to show up today.

Why is there such indolence in the senate?
Why are the senators sitting around, making no laws?

Because the barbarians are supposed to show up today.
Why should the senators trouble themselves with laws?
When the barbarians arrive, they'll do the legislating.

Why has our emperor risen so early this morning,
and why is he now enthroned at the city's great gate,
sitting there in state and wearing his crown?

Because the barbarians are supposed to show up today.
And the emperor is waiting there to receive
their leader. He's even had a parchment scroll
prepared as a tribute: it's loaded with
all sorts of titles and high honors.

Why have our two consuls and praetors turned up
today, resplendent in their red brocaded togas;
why are they wearing bracelets encrusted with amethysts,
and rings studded with brilliant, glittering emeralds;
why are they sporting those priceless canes,
the ones of finely-worked gold and silver?

Because the barbarians are supposed to show up today;

καὶ τέτοια πράγματα θαμπώνουν τοὺς βαρβάρους.

—Γιατί κ᾽ οἱ ἄξιοι ρήτορες δὲν ἔρχονται σὰν πάντα
νὰ βγάλλουνε τοὺς λόγους τους, νὰ ποῦνε τὰ δικά τους;

Γιατὶ οἱ βάρβαροι θὰ φθάσουν σήμερα·
κι αὐτοὶ βαρυοῦντ᾽ εὐφράδειες καὶ δημηγορίες.

— Γιατί ν᾽ ἀρχίσει μονομιᾶς αὐτὴ ἡ ἀνησυχία
κ᾽ ἡ σύγχυσις. (Τὰ πρόσωπα τί σοβαρὰ ποὺ ἐγίναν).
Γιατί ἀδειάζουν γρήγορα οἱ δρόμοι κ᾽ ἡ πλατέες,
κι ὅλοι γυρνοῦν στὰ σπίτια τους πολὺ συλλογισμένοι;

Γιατὶ ἐνύχτωσε κ᾽ οἱ βάρβαροι δὲν ἦλθαν.
Καὶ μερικοὶ ἔφθασαν ἀπ᾽ τὰ σύνορα,
καὶ εἴπανε πὼς βάρβαροι πιὰ δὲν ὑπάρχουν.

———

Καὶ τώρα τί θὰ γένουμε χωρὶς βαρβάρους.
Οἱ ἄνθρωποι αὐτοὶ ἦσαν μιὰ κάποια λύσις.

And such things really dazzle the barbarians.

Why don't our illustrious speakers come out to speak
as they always do, to speak what's on their minds?

 Because the barbarians are supposed to show up today,
 and they really can't stand lofty oration and demagogy.

Why is everyone so suddenly ill at ease
and confused (just look how solemn their faces are)?
Why are the streets and the squares all at once empty,
as everyone heads for home, lost in their thoughts?

 Because it's night now, and the barbarians haven't shown up.
 And there are others, just back from the borderlands,
 who claim that the barbarians no longer exist.

———

What in the world will we do without barbarians?
Those people would have been a solution, of sorts.

Φωνὲς

Ἰδανικὲς φωνὲς κι ἀγαπημένες
ἐκείνων ποὺ πεθάναν, ἢ ἐκείνων ποὺ εἶναι
γιὰ μᾶς χαμένοι σὰν τοὺς πεθαμένους.

Κάποτε μὲς στὰ ὄνειρά μας ὁμιλοῦνε·
κάποτε μὲς στὴν σκέψι τὲς ἀκούει τὸ μυαλό.

Καὶ μὲ τὸν ἦχο των γιὰ μιὰ στιγμὴ ἐπιστρέφουν
ἦχοι ἀπὸ τὴν πρώτη ποίησι τῆς ζωῆς μας —
σὰ μουσική, τὴν νύχτα, μακρυνή, ποὺ σβύνει.

Voices

Ideal and beloved voices
of those who have died, or of those
who, lost to us, are as those who have died.

Now and then they speak to us in our dreams;
now and then in thought the mind still hears them.

And for a moment through their sounds return
the sounds from the primary poetry of our lives—
like music dissolving distantly into the night.

Ἐπιθυμίες

Σὰν σώματα ὡραῖα νεκρῶν ποὺ δὲν ἐγέρασαν
καὶ τἄκλεισαν, μὲ δάκρυα, σὲ μαυσωλεῖο λαμπρό,
μὲ ρόδα στὸ κεφάλι καὶ στὰ πόδια γιασεμιὰ —
ἔτσ' ἡ ἐπιθυμίες μοιάζουν ποὺ ἐπέρασαν
χωρὶς νὰ ἐκπληρωθοῦν· χωρὶς ν' ἀξιωθεῖ καμιὰ
τῆς ἡδονῆς μιὰ νύχτα, ἢ ἕνα πρωΐ της φεγγερό.

Desires

Like the beautiful bodies of the dead who never aged,
and were tearfully interred in glorious tombs,
heads garlanded with roses, feet adorned with jasmine—
that's how bygone desires, gone unfulfilled, appear;
without ever having realized a single night
or a light-filled morning of erotic pleasure.

Τρῶες

Εἶν' ἡ προσπάθειές μας, τῶν συφοριασμένων·
εἶν' ἡ προσπάθειές μας σὰν τῶν Τρώων.
Κομμάτι κατορθώνουμε· κομμάτι
παίρνουμ' ἐπάνω μας· κι ἀρχίζουμε
νἄχουμε θάρρος καὶ καλὲς ἐλπίδες.

Μὰ πάντα κάτι βγαίνει καὶ μᾶς σταματᾶ.
Ὁ Ἀχιλλεὺς στὴν τάφρον ἐμπροστά μας
βγαίνει καὶ μὲ φωνὲς μεγάλες μᾶς τρομάζει.—

Εἶν' ἡ προσπάθειές μας σὰν τῶν Τρώων.
Θαρροῦμε πὼς μὲ ἀπόφασι καὶ τόλμη
θ' ἀλλάξουμε τῆς τύχης τὴν καταφορά,
κ' ἔξω στεκόμεθα ν' ἀγωνισθοῦμε.

Ἀλλ' ὅταν ἡ μεγάλη κρίσις ἔλθει,
ἡ τόλμη κι ἡ ἀπόφασίς μας χάνονται·
ταράττεται ἡ ψυχή μας, παραλύει·
κι ὁλόγυρα ἀπ' τὰ τείχη τρέχουμε
ζητώντας νὰ γλυτώσουμε μὲ τὴν φυγή.

Ὅμως ἡ πτῶσις μας εἶναι βεβαία. Ἐπάνω,
στὰ τείχη, ἄρχισεν ἤδη ὁ θρῆνος.
Τῶν ἡμερῶν μας ἀναμνήσεις κλαῖν κ' αἰσθήματα.
Πικρὰ γιὰ μᾶς ὁ Πρίαμος κ' ἡ Ἑκάβη κλαῖνε.

Trojans

Our exertions are like those of the ill-fortuned;
our exertions are like those of the Trojans.
Just when we've got our bearings,
marshaled our strengths, begun
to project courage and optimism,

something always manages to undo us.
Achilles leaps from a trench into our path
and terrorizes us with his raucous shouts.

Our exertions are like those of the Trojans.
We like to believe that with boldness and audacity
we can frustrate destiny's downhill slide,
so we make our stand, ready to fight in the open.

But when the telling crisis arrives
our audacity and boldness abandon us;
our spirit is rattled, frozen in place,
and we scramble around the corner,
fleeing to save ourselves.

Regardless, our downfall is assured. High atop
the walls, the wailing has already begun.
The memories and essence of our days weep.
Priam and Hecuba weep bitterly for us.

Ὁ Βασιλεὺς Δημήτριος

Ὥσπερ οὐ βασιλεύς, ἀλλ' ὑποκριτής,
μεταμφιέννυται χλαμύδα φαιὰν ἀντὶ
τῆς τραγικῆς ἐκείνης, καὶ διαλαθὼν ὑπεχώρησεν.

Πλούταρχος, Βίος Δημητρίου

Σὰν τὸν παραίτησαν οἱ Μακεδόνες
κι ἀπέδειξαν πὼς προτιμοῦν τὸν Πύρρο
ὁ βασιλεὺς Δημήτριος (μεγάλην
εἶχε ψυχὴ) καθόλου — ἔτσι εἶπαν —
δὲν φέρθηκε σὰν βασιλεύς. Ἐπῆγε
κ' ἔβγαλε τὰ χρυσὰ φορέματά του,
καὶ τὰ ποδήματά του πέταξε
τὰ ὁλοπόρφυρα. Μὲ ροῦχ' ἁπλὰ
ντύθηκε γρήγορα καὶ ξέφυγε.
Κάμνοντας ὅμοια σὰν ἠθοποιὸς
ποὺ ὅταν ἡ παράστασις τελειώσει,
ἀλλάζει φορεσιὰ κι ἀπέρχεται.

King Demetrios

Unlike a king, but a player,
he donned a gray cloak, not
the royal one, and fled in haste.

Plutarch, *The Life of Demetrios*

When the Macedonians deserted him,
thus proving they'd rather side with Pyrrhos,
King Demetrios (he of the splendid soul) didn't—
some say—act at all a king. He absconded,
retiring his golden vestments,
casting off his purple boots. He promptly
dressed in common clothes and disappeared,
like a player who, at play's end,
discards his costume and goes home.

Ἡ Συνοδεία τοῦ Διονύσου

Ὁ Δάμων ὁ τεχνίτης (ἄλλον πιὸ ἱκανὸ
στὴν Πελοπόννησο δὲν ἔχει) εἰς παριανὸ
μάρμαρο ἐπεξεργάζεται τὴν συνοδεία
τοῦ Διονύσου. Ὁ θεὸς μὲ θεσπεσία
δόξαν ἐμπρός, μὲ δύναμι στὸ βάδισμά του.
Ὁ Ἄκρατος πίσω. Στὸ πλάγι τοῦ Ἀκράτου
ἡ Μέθη χύνει στοὺς Σατύρους τὸ κρασὶ
ἀπὸ ἀμφορέα ποὺ τὸν στέφουνε κισσοί.
Κοντά των ὁ Ἡδύοινος ὁ μαλθακός,
τὰ μάτια του μισοκλειστά, ὑπνωτικός.
Καὶ παρακάτω ἔρχοντ' οἱ τραγουδισταὶ
Μόλπος κ' Ἡδυμελής, κι ὁ Κῶμος ποὺ ποτὲ
νὰ σβύσει δὲν ἀφίνει τῆς πορείας τὴν σεπτὴ
λαμπάδα ποὺ βαστᾶ· καί, σεμνοτάτη, ἡ Τελετή.—
Αὐτὰ ὁ Δάμων κάμνει. Καὶ κοντὰ σ' αὐτὰ
ὁ λογισμός του κάθε τόσο μελετᾶ
τὴν ἀμοιβή του ἀπὸ τῶν Συρακουσῶν
τὸν βασιλέα, τρία τάλαντα, πολὺ ποσόν.
Μὲ τ' ἄλλα του τὰ χρήματα κι αὐτὰ μαζὺ
σὰν μποῦν, ὡς εὔπορος σπουδαῖα πιὰ θὰ ζεῖ,
καὶ θὰ μπορεῖ νὰ πολιτεύεται — χαρά!—
κι αὐτὸς μὲς στὴν βουλή, κι αὐτὸς στὴν ἀγορά.

The Cohort of Dionysos

The artist Damon (there's none better in the
Peloponnese) gives us the cohort of Dionysos
in Parian marble. The god leads with noble
elegance, a power to his stride.
Akratos follows and, beside him,
Methe serves wine to the Satyrs from
an ivy-garlanded amphora.
Then comes delicate Edyoinos, tottering, with
heavy-lidded eyes. Then come the singers Molpos,
Edymeles, and Komos, who bear the sacred torch
of the procession, guarding its flame. And,
finally, the one most venerated, comes Telete.
This is what Damon gives us. But as he works
his thoughts turn now and then to his fee,
paid by the King of Syracusae: three talents,
a sizeable sum. When added to what he's saved
he can live prominently, a man of means.
He can even run for office—how exciting!—
he, too, in the Assembly; he, too, in the Agora.

Μονοτονία

Τὴν μιὰ μονότονην ἡμέραν ἄλλη
μονότονη, ἀπαράλλακτη ἀκολουθεῖ. Θὰ γίνουν
τὰ ἴδια πράγματα, θὰ ξαναγίνουν πάλι —
ἡ ὅμοιες στιγμὲς μᾶς βρίσκουνε καὶ μᾶς ἀφίνουν.

Μῆνας περνᾶ καὶ φέρνει ἄλλον μῆνα.
Αὐτὰ ποὺ ἔρχονται κανεὶς εὔκολα τὰ εἰκάζει·
εἶναι τὰ χθεσινὰ τὰ βαρετὰ ἐκεῖνα.
Καὶ καταντᾶ τὸ αὔριο πιὰ σὰν αὔριο νὰ μὴ μοιάζει.

Tedium

One tedious day leads to another
that's just as tedious. The same events
will occur over and over again—
identical moments find us, then are gone.

A month passes, yielding to another month.
It's not hard to guess what's coming:
just more of yesterday's tedium.
And then tomorrow is tomorrow no more.

Τὰ Βήματα

Σ' ἐβένινο κρεββάτι στολισμένο
μὲ κοραλλένιους ἀετούς, βαθυὰ κοιμᾶται
ὁ Νέρων — ἀσυνείδητος, ἥσυχος, κ' εὐτυχής·
ἀκμαῖος μὲς στὴν εὐρωστία τῆς σαρκός,
καὶ στῆς νεότητος τ' ὡραῖο σφρίγος.

Ἀλλὰ στὴν αἴθουσα τὴν ἀλαβάστρινη ποὺ κλείνει
τῶν Ἀηνοβάρβων τὸ ἀρχαῖο λαράριο
τί ἀνήσυχοι ποὺ εἶν' οἱ Λάρητές του.
Τρέμουν οἱ σπιτικοὶ μικροὶ θεοί,
καὶ προσπαθοῦν τ' ἀσήμαντά των σώματα νὰ κρύψουν.
Γιατὶ ἄκουσαν μιὰ ἀπαίσια βοή,
θανάσιμη βοὴ τὴν σκάλα ν' ἀνεβαίνει,
βήματα σιδερένια ποὺ τραντάζουν τὰ σκαλιά.
Καὶ λιγοθυμισμένοι τώρα οἱ ἄθλιοι Λάρητες,
μέσα στὸ βάθος τοῦ λαράριου χώνονται,
ὁ ἕνας τὸν ἄλλονα σκουντᾶ καὶ σκουντουφλᾶ,
ὁ ἕνας μικρὸς θεὸς πάνω στὸν ἄλλον πέφτει
γιατὶ κατάλαβαν τί εἶδος βοὴ εἶναι τούτη,
τἄνοιωσαν πιὰ τὰ βήματα τῶν Ἐριννύων.

The Footsteps

In an ebony bed adorned with coral eagles
lies Nero, in a deep slumber—
insensible, serene, and satisfied,
in robust health and corporeal potency,
in the vigor of his lissome youthfulness.

But in the alabaster chamber that holds
the ancient Shrine of the Aenobarbi
his Lares are alarmed. These minor
household gods tremble with fear as they
struggle to conceal their miserable selves.
They've heard a hideous noise, you see:
a horrible noise that rises up toward them,
a thunder of iron-clad feet echoing up the stairs.
And swooning, these miserable Lares
scurry to the far reaches of the shrine,
jostling one another, and stumbling, as
one little god tumbles over another.
For they well know what's making that noise:
they well know the footsteps of the Furies.

Οὗτος Ἐκεῖνος

Ἄγνωστος — ξένος μὲς στὴν Ἀντιόχεια — Ἐδεσσηνὸς
γράφει πολλά. Καὶ τέλος πάντων, νά, ὁ λίνος
ὁ τελευταῖος ἔγινε. Μὲ αὐτὸν ὀγδόντα τρία

ποιήματα ἐν ὅλῳ. Πλὴν τὸν ποιητὴ
κούρασε τόσο γράψιμο, τόση στιχοποιΐα,
καὶ τόση ἔντασις σ' ἑλληνικὴ φρασιολογία,
καὶ τώρα τὸν βαραίνει πιὰ τὸ κάθε τί. —

Μιὰ σκέψις ὅμως παρευθὺς ἀπὸ τὴν ἀθυμία
τὸν βγάζει — τὸ ἐξαίσιον Οὗτος Ἐκεῖνος,
ποὺ ἄλλοτε στὸν ὕπνο του ἄκουσε ὁ Λουκιανός.

He's the One

An unknown—a stranger in Antioch, from Edessa—
writes and writes more. But then, finally, there: the
last hymn is finished. That makes it eighty-three

poems in all. Yet all that writing and versifying,
not to mention the rigors of Greek phrasing, have
worn him down, until everything's become a burden.

But a certain thought promptly lifts him out of his
ill humor—the marvelous "He's the one,"
that Lucian, in another time, heard in his sleep.

Ἡ Πόλις

Εἶπες· «Θὰ πάγω σ' ἄλλη γῆ, θὰ πάγω σ' ἄλλη θάλασσα.
Μιὰ πόλις ἄλλη θὰ βρεθεῖ καλλίτερη ἀπὸ αὐτή.
Κάθε προσπάθεια μου μιὰ καταδίκη εἶναι γραφτή·
κ' εἶν' ἡ καρδιά μου — σὰν νεκρὸς — θαμένη.
Ὁ νοῦς μου ὣς πότε μὲς στὸν μαρασμὸν αὐτὸν θὰ μένει.
Ὅπου τὸ μάτι μου γυρίσω, ὅπου κι ἂν δῶ
ἐρείπια μαῦρα τῆς ζωῆς μου βλέπω ἐδῶ,
ποὺ τόσα χρόνια πέρασα καὶ ρήμαξα καὶ χάλασα.»

Καινούριους τόπους δὲν θὰ βρεῖς, δὲν θἄβρεις ἄλλες θάλασσες.
Ἡ πόλις θὰ σὲ ἀκολουθεῖ. Στοὺς δρόμους θὰ γυρνᾶς
τοὺς ἴδιους. Καὶ στὲς γειτονιὲς τὲς ἴδιες θὰ γερνᾶς·
καὶ μὲς στὰ ἴδια σπίτια αὐτὰ θ' ἀσπρίζεις.
Πάντα στὴν πόλι αὐτὴ θὰ φθάνεις. Γιὰ τὰ ἀλλοῦ — μὴ ἐλπίζεις—
δὲν ἔχει πλοῖο γιὰ σέ, δὲν ἔχει ὁδό.
Ἔτσι ποὺ τὴ ζωή σου ρήμαξες ἐδῶ
στὴν κώχη τούτη τὴν μικρή, σ' ὅλην τὴν γῆ τὴν χάλασες.

The City

You said, "I will go to another place, to another shore.
Another city can be found that's better than this.
All that I struggle for is doomed, condemned to failure;
and my heart is like a corpse interred.
How long will my mind stagger under this misery?
Wherever I turn, wherever I look
I see the blackened ruins of my life,
which for years on end I squandered and wrecked and ravaged."

You will find no other place, no other shores.
This city will possess you, and you'll wander the same
streets. In these same neighborhoods you'll grow old;
in these same houses you'll turn gray.
Always you'll return to this city. Don't even hope for another.
There's no boat for you, there's no other way out.
In the way you've destroyed your life here,
in this little corner, you've destroyed it everywhere else.

1911

Ἡ Σατραπεία

Τί συμφορά, ἐνῶ εἶσαι καμωμένος
γιὰ τὰ ὡραῖα καὶ μεγάλα ἔργα
ἡ ἄδικη αὐτή σου ἡ τύχη πάντα
ἐνθάρρυνσι κ' ἐπιτυχία νὰ σὲ ἀρνεῖται·
νὰ σ' ἐμποδίζουν εὐτελεῖς συνήθειες,
καὶ μικροπρέπειες, κι ἀδιαφορίες.
Καὶ τί φρικτὴ ἡ μέρα ποὺ ἐνδίδεις,
(ἡ μέρα ποὺ ἀφέθηκες κ' ἐνδίδεις),
καὶ φεύγεις ὁδοιπόρος γιὰ τὰ Σοῦσα,
καὶ πιαίνεις στὸν μονάρχην Ἀρταξέρξη
ποὺ εὐνοϊκὰ σὲ βάζει στὴν αὐλή του,
καὶ σὲ προσφέρει σατραπεῖες καὶ τέτοια.
Καὶ σὺ τὰ δέχεσαι μὲ ἀπελπισία
αὐτὰ τὰ πράγματα ποὺ δὲν τὰ θέλεις.
Ἄλλα ζητεῖ ἡ ψυχή σου, γι' ἄλλα κλαίει·
τὸν ἔπαινο τοῦ Δήμου καὶ τῶν Σοφιστῶν,
τὰ δύσκολα καὶ τ' ἀνεκτίμητα Εὖγε·
τὴν Ἀγορά, τὸ Θέατρο, καὶ τοὺς Στεφάνους.
Αὐτὰ ποῦ θὰ στὰ δώσει ὁ Ἀρταξέρξης,
αὐτὰ ποῦ θὰ τὰ βρεῖς στὴ σατραπεία·
καὶ τί ζωὴ χωρὶς αὐτὰ θὰ κάμεις.

The Satrapy

How tragic that having been raised
for lofty and magnificent acts,
this cruel destiny of yours invariably
denies you affirmation and success.
Petty habits get in your way,
and trivial things, and apathy.
How terrible the day you acquiesce
(the day you allow yourself to acquiesce)
and set out, a wayfarer, for Sousa,
to present yourself to King Artaxerxes,
who favors you with a place in his court,
and grants you satrapies and the like,
which you accept with sheer despair,
these honors you never sought.
Your soul seeks other things, it weeps for them:
the people's praise, and the Sophists',
the hard-won and precious applause.
The Agora, the Theatre, the Laurels.
How could Artaxerxes ever give you these?
Where in the satrapy will you find such things?
And what sort of life will you lead without them?

Μάρτιαι Εἰδοὶ

Τὰ μεγαλεῖα νὰ φοβᾶσαι, ὦ ψυχή.
Καὶ τὲς φιλοδοξίες σου νὰ ὑπερνικήσεις
ἂν δὲν μπορεῖς, μὲ δισταγμὸ καὶ προφυλάξεις
νὰ τὲς ἀκολουθεῖς. Κι ὅσο ἐμπροστὰ προβαίνεις,
τόσο ἐξεταστική, προσεκτικὴ νὰ εἶσαι.

Κι ὅταν θὰ φθάσεις στὴν ἀκμή σου, Καῖσαρ πιά·
ἔτσι περιωνύμου ἀνθρώπου σχῆμα ὅταν λάβεις,
τότε κυρίως πρόσεξε σὰν βγεῖς στὸν δρόμον ἔξω,
ἐξουσιαστὴς περίβλεπτος μὲ συνοδεία,
ἂν τύχει καὶ πλησιάσει ἀπὸ τὸν ὄχλο
κανένας Ἀρτεμίδωρος, ποὺ φέρνει γράμμα,
καὶ λέγει βιαστικὰ «Διάβασε ἀμέσως τοῦτα,
εἶναι μεγάλα πράγματα ποὺ σ' ἐνδιαφέρουν»,
μὴ λείψεις νὰ σταθεῖς· μὴ λείψεις ν' ἀναβάλλεις
κάθε ὁμιλίαν ἢ δουλειά· μὴ λείψεις τοὺς διαφόρους
ποὺ χαιρετοῦν καὶ προσκυνοῦν νὰ τοὺς παραμερίσεις
(τοὺς βλέπεις πιὸ ἀργά)· ἂς περιμένει ἀκόμη
κ' ἡ Σύγκλητος αὐτή, κ' εὐθὺς νὰ τὰ γνωρίσεις
τὰ σοβαρὰ γραφόμενα τοῦ Ἀρτεμιδώρου.

The Ides of March

Guard well against the grandiose, my soul.
But if unable to curb your ambitions,
pursue them reluctantly, and with caution. The more you
progress, the more skeptical and aware must you be.

And when you achieve your full powers, a Caesar now,
assuming the distinction of a man of eminence,
be ever mindful, when you go out into the street
(a master, conspicuous by your devoted entourage)
should someone from the crowd approach you,
someone called Artemidoros, to urge upon you
a letter, and to implore: "Read this without delay,
it concerns matters of grave importance." Don't fail
to pause; don't fail to put off any speech or affair;
don't fail to push aside those who hail and bow down to you
(you'll see them later). Even the Senate can have patience;
and without delay read the crucial message of Artemidoros.

Τελειωμένα

Μέσα στὸν φόβο καὶ στὲς ὑποψίες,
μὲ ταραγμένο νοῦ καὶ τρομαγμένα μάτια,
λυώνουμε καὶ σχεδιάζουμε τὸ πῶς νὰ κάμουμε
γιὰ ν' ἀποφύγουμε τὸν βέβαιο
τὸν κίνδυνο ποὺ ἔτσι φρικτὰ μᾶς ἀπειλεῖ.
Κι ὅμως λανθάνουμε, δὲν εἶν' αὐτὸς στὸν δρόμο·
ψεύτικα ἦσαν τὰ μηνύματα
(ἢ δὲν τ' ἀκούσαμε, ἢ δὲν τὰ νοιώσαμε καλά).
Ἄλλη καταστροφή, ποὺ δὲν τὴν φανταζόμεθαν,
ἐξαφνική, ραγδαία πέφτει ἐπάνω μας,
κι ἀνέτοιμους — ποῦ πιὰ καιρὸς — μᾶς συνεπαίρνει.

All Ended

Consumed by fear and distrust,
mind troubled and eyes fear-filled,
we collapse, and plot the means
to avoid the apparent,
the dangers hovering darkly over us.
But we're wrong, the danger's not coming:
the portents misled us (or perhaps
we didn't hear them, or understand them).
A different calamity, one we failed to imagine,
suddenly and swiftly befalls us
and, finding us unaware, overwhelms us.

Τυανεὺς Γλύπτης

Καθὼς ποὺ θὰ τὸ ἀκούσατε, δὲν εἶμ' ἀρχάριος.
Κάμποση πέτρα ἀπὸ τὰ χέρια μου περνᾶ.
Καὶ στὴν πατρίδα μου, τὰ Τύανα, καλὰ
μὲ ξέρουνε· κ' ἐδῶ ἀγάλματα πολλὰ
μὲ παραγγείλανε συγκλητικοί.

                              Καὶ νὰ σᾶς δείξω
ἀμέσως μερικά. Παρατηρεῖστ' αὐτὴν τὴν Ρέα·
σεβάσμια, γεμάτη καρτερία, παναρχαία.
Παρατηρεῖστε τὸν Πομπήϊον. Ὁ Μάριος,
ὁ Αἰμίλιος Παῦλος, ὁ Ἀφρικανὸς Σκιπίων.
Ὁμοιώματα, ὅσο ποὺ μπόρεσα, πιστά.
Ὁ Πάτροκλος (ὀλίγο θὰ τὸν ξαναγγίξω).
Πλησίον στοῦ μαρμάρου τοῦ κιτρινωποῦ
ἐκεῖνα τὰ κομμάτια, εἶν' ὁ Καισαρίων.

Καὶ τώρα καταγίνομαι ἀπὸ καιρὸ ἀρκετὸ
νὰ κάμω ἕναν Ποσειδῶνα. Μελετῶ
κυρίως γιὰ τ' ἄλογά του, πῶς νὰ πλάσσω αὐτά.
Πρέπει ἐλαφρὰ ἔτσι νὰ γίνουν ποὺ
τὰ σώματα, τὰ πόδια των νὰ δείχνουν φανερὰ
ποὺ δὲν πατοῦν τὴν γῆ, μὸν' τρέχουν στὰ νερά.

Μὰ νὰ τὸ ἔργον μου τὸ πιὸ ἀγαπητὸ
ποὺ δούλεψα συγκινημένα καὶ τὸ πιὸ προσεκτικά·
αὐτόν, μιὰ μέρα τοῦ καλοκαιριοῦ θερμὴ
ποὺ ὁ νοῦς μου ἀνέβαινε στὰ ἰδανικά,
αὐτὸν ἐδῶ ὀνειρεύομουν τὸν νέον Ἑρμῆ.

Sculptor of Tyana

As you're likely aware, I'm no beginner.
Quite a lot of stone passes through these hands.
I'm justly famous in my homeland, Tyana;
here, as well, senators have commissioned from me
quite a quantity of my statues.

                    Let me show you
a few of them now. Consider closely this Rhea:
august, a model of patience, a very ancient one.
Look carefully at Pompey. And Marius,
And Aemilius Paulus, and the African Scipio.
So lifelike and honest, truly my best efforts.
Here is Patroklos (I will work on him a bit more).
And over there by those blocks
of yellowish marble, that's Caesarion.

For some good while now I've kept busy
fashioning a Poseidon. I've thought long and
hard about his horses: the best means to shape them.
They must appear so light that their bodies, their hooves
seem not to touch the earth at all—only to run on water.

But here is my favorite work of all,
to which I've applied myself with tenderness and care.
This one I conjured on a warm summer day,
when my thoughts were soaring to lofty ideals.
This is the one I was dreaming of—a young Hermes.

Ἀπολείπειν ὁ θεὸς Ἀντώνιον

Σὰν ἔξαφνα, ὥρα μεσάνυχτ', ἀκουσθεῖ
ἀόρατος θίασος νὰ περνᾶ
μὲ μουσικὲς ἐξαίσιες, μὲ φωνές—
τὴν τύχη σου ποὺ ἐνδίδει πιά, τὰ ἔργα σου
ποὺ ἀπέτυχαν, τὰ σχέδια τῆς ζωῆς σου
ποὺ βγῆκαν ὅλα πλάνες, μὴ ἀνοφέλετα θρηνήσεις.
Σὰν ἕτοιμος ἀπὸ καιρό, σὰ θαρραλέος,
ἀποχαιρέτα την, τὴν Ἀλεξάνδρεια ποὺ φεύγει.
Πρὸ πάντων νὰ μὴ γελασθεῖς, μὴν πεῖς πὼς ἦταν
ἕνα ὄνειρο, πὼς ἀπατήθηκεν ἡ ἀκοή σου·
μάταιες ἐλπίδες τέτοιες μὴν καταδεχθεῖς.
Σὰν ἕτοιμος ἀπὸ καιρό, σὰ θαρραλέος,
σὰν ποὺ ταιριάζει σε ποὺ ἀξιώθηκες μιὰ τέτοια πόλι,
πλησίασε σταθερὰ πρὸς τὸ παράθυρο,
κι ἄκουσε μὲ συγκίνησιν, ἀλλ' ὄχι
μὲ τῶν δειλῶν τὰ παρακάλια καὶ παράπονα,
ὡς τελευταία ἀπόλαυσι τοὺς ἤχους,
τὰ ἐξαίσια ὄργανα τοῦ μυστικοῦ θιάσου,
κι ἀποχαιρέτα την, τὴν Ἀλεξάνδρεια ποὺ χάνεις.

Βγαίνω – also means appear to be

ἔξαφνα – suddenly

πλάνος – alluring, deceitful

ἀόρατος – invisible

θαρραλέος – bold

θίασος – troupe, theatrical company

ἐξαίσιος – superb

ἐνδίδω – give away, give in

ἀποτυχαίνω – to fail

The God Abandons Antony

When abruptly, at midnight, you hear
an invisible procession pass by
with delightful music, and voices,
Don't grieve for your failing fortunes,
your spoiled deeds, the illusion of
your life's plan; to mourn is useless.
Rather, with foreknowledge and boldness,
bid farewell to the departing Alexandria.
Above all, don't fool yourself, don't claim
it was just a dream, that you heard a lie;
avoid all such futile notions.
As if long prepared, and ever courageous,
acting as one who deserves such a city,
make your way to the window,
and listen closely with your heart, not
with cowardly pleas and protests;
hear, as a last pleasure, those sounds,
the delightful music of the invisible procession,
and bid farewell to the Alexandria you are losing.

Ἰωνικὸν

Γιατὶ τὰ σπάσαμε τ' ἀγάλματά των,
γιατὶ τοὺς διώξαμεν ἀπ' τοὺς ναούς των,
διόλου δὲν πέθαναν γι' αὐτὸ οἱ θεοί.
Ὦ γῆ τῆς Ἰωνίας, σένα ἀγαποῦν ἀκόμη,
σένα ἡ ψυχές των ἐνθυμοῦνται ἀκόμη.
Σὰν ξημερώνει ἐπάνω σου πρωΐ αὐγουστιάτικο
τὴν ἀτμοσφαίρα σου περνᾶ σφρίγος ἀπ' τὴν ζωή των·
καὶ κάποτ' αἰθερία ἐφηβικὴ μορφή,
ἀόριστη, μὲ διάβα γρήγορο,
ἐπάνω ἀπὸ τοὺς λόφους σου περνᾶ.

Ionic

Although we destroyed their statues
and ran the gods out of the temples,
that doesn't at all mean that they've died.
O land of Ionia, they still love you,
they still hold you dear in their souls.
When the August dawn washes over you
the vigor of their lives enters the air itself.
And on occasion an ethereal young figure,
difficult to discern clearly, passes over
your hillcrests, a swiftness in its stride.

Ἡ Δόξα τῶν Πτολεμαίων

Εἴμ' ὁ Λαγίδης, βασιλεύς. Ὁ κάτοχος τελείως
(μὲ τὴν ἰσχύ μου καὶ τὸν πλοῦτο μου) τῆς ἡδονῆς.
Ἤ Μακεδών, ἢ βάρβαρος δὲν βρίσκεται κανεὶς
ἴσος μου, ἢ νὰ μὲ πλησιάζει κάν. Εἶναι γελοῖος
ὁ Σελευκίδης μὲ τὴν ἀγοραία του τρυφή.
Ἄν ὅμως σεῖς ἄλλα ζητεῖτε, ἰδοὺ κι αὐτὰ σαφῆ.
Ἡ πόλις ἡ διδάσκαλος, ἡ πανελλήνια κορυφή,
εἰς κάθε λόγο, εἰς κάθε τέχνη ἡ πιὸ σοφή.

The Glory of the Ptolemies

I am Lagides, king. Absolute master
(by my power and wealth) of corporeal delights.
I have no peer, not even close, certainly no one
Macedonian or barbarian. Selefkos' son is
a joke, paying, as he does, for his orgies.
But if you seek something other, a word to you:
this city is the wisest teacher, the zenith of Hellenism,
in every sense of the word the acme of all art.

1911

Ἰθάκη

Σὰ βγεῖς στὸν πηγαιμὸ γιὰ τὴν Ἰθάκη,
νὰ εὔχεσαι νᾶναι μακρὺς ὁ δρόμος,
γεμάτος περιπέτειες, γεμάτος γνώσεις.
Τοὺς Λαιστρυγόνας καὶ τοὺς Κύκλωπας,
τὸν θυμωμένο Ποσειδῶνα μὴ φοβᾶσαι,
τέτοια στὸν δρόμο σου ποτέ σου δὲν θὰ βρεῖς,
ἂν μέν' ἡ σκέψις σου ὑψηλή, ἂν ἐκλεκτὴ
συγκίνησις τὸ πνεῦμα καὶ τὸ σῶμα σου ἀγγίζει.
Τοὺς Λαιστρυγόνας καὶ τοὺς Κύκλωπας,
τὸν ἄγριο Ποσειδῶνα δὲν θὰ συναντήσεις,
ἂν δὲν τοὺς κουβανεῖς μὲς στὴν ψυχή σου,
ἂν ἡ ψυχή σου δὲν τοὺς στήνει ἐμπρός σου.

Νὰ εὔχεσαι νᾶναι μακρὺς ὁ δρόμος.
Πολλὰ τὰ καλοκαιρινὰ πρωϊὰ νὰ εἶναι
ποὺ μὲ τί εὐχαρίστησι, μὲ τί χαρὰ
θὰ μπαίνεις σὲ λιμένας πρωτοειδωμένους·
νὰ σταματήσεις σ' ἐμπορεῖα Φοινικικά,
καὶ τὲς καλὲς πραγμάτειες ν' ἀποκτήσεις,
σεντέφια καὶ κοράλλια, κεχριμπάρια κ' ἔβενους,
καὶ ἡδονικὰ μυρωδικὰ κάθε λογῆς,
ὅσο μπορεῖς πιὸ ἄφθονα ἡδονικὰ μυρωδικά·
σὲ πόλεις Αἰγυπτιακὲς πολλὲς νὰ πᾶς,
νὰ μάθεις καὶ νὰ μάθεις ἀπ' τοὺς σπουδασμένους.

Πάντα στὸν νοῦ σου νἄχεις τὴν Ἰθάκη.
Τὸ φθάσιμον ἐκεῖ εἶν' ὁ προορισμός σου.
Ἀλλὰ μὴ βιάζεις τὸ ταξεῖδι διόλου.
Καλλίτερα χρόνια πολλὰ νὰ διαρκέσει·

Ithaka

When you set out on your way to Ithaka
you should hope that your journey is a long one:
A journey full of adventure, full of knowing.
Have no fear of the Laistrygones, the Cyclopes,
the frothing Poseidon. No such impediments
will confound the progress of your journey
if your thoughts take wing, if your spirit and your
flesh are touched by singular sentiments.
You will not encounter Laistrygones,
nor any Cyclopes, nor a furious Poseidon,
as long as you don't carry them within you,
as long as your soul refuses to set them in your path.

Hope that your journey is a long one.
Many will be the summer mornings
upon which, with boundless pleasure and joy,
you will find yourself entering new ports of call.
You will linger in Phoenician markets
so that you may acquire the finest goods:
mother of pearl, coral and amber, and ebony,
and every manner of arousing perfume—
great quantities of arousing perfumes.
You will visit many an Egyptian city
to learn, and learn more, from those who know.

Bear Ithaka always in your thoughts.
Arriving there is the goal of your journey;
but take care not to travel too hastily.
Better to linger for years on your way;

καὶ γέρος πιὰ ν' ἀράξεις στὸ νησί,
πλούσιος μὲ ὅσα κέρδισες στὸν δρόμο,
μὴ προσδοκῶντας πλούτη νὰ σὲ δώσει ἡ Ἰθάκη.

Ἡ Ἰθάκη σ' ἔδωσε τ' ὡραῖο ταξεῖδι.
Χωρὶς αὐτὴν δὲν θἄβγαινες στὸν δρόμο.
Ἄλλα δὲν ἔχει νὰ σὲ δώσει πιά.

Κι ἂν πτωχικὴ τὴν βρεῖς, ἡ Ἰθάκη δὲν σὲ γέλασε.
Ἔτσι σοφὸς ποὺ ἔγινες, μὲ τόση πεῖρα,
ἤδη θὰ τὸ κατάλαβες ἡ Ἰθάκες τί σημαίνουν.

better to reach the island's shores in old age,
enriched by all you've obtained along the way.
Do not expect that Ithaka will reward you with wealth.

Ithaka bestowed upon you the marvelous journey:
if not for her you would never have set out.
But she has nothing left to impart to you.

If you find Ithaka wanting, it's not that she's deceived you.
That you have gained so much wisdom and experience
will have told you everything of what such Ithakas mean.

1912

Τὰ Ἐπικίνδυνα

Εἶπε ὁ Μυρτίας (Σύρος σπουδαστὴς
στὴν Ἀλεξάνδρεια· ἐπὶ βασιλείας
αὐγούστου Κώνσταντος καὶ αὐγούστου Κωνσταντίου·
ἐν μέρει ἐθνικός, κ' ἐν μέρει χριστιανίζων)·
«Δυναμωμένος μὲ θεωρία καὶ μελέτη,
ἐγὼ τὰ πάθη μου δὲν θὰ φοβοῦμαι σὰ δειλός.
Τὸ σῶμα μου στὲς ἡδονὲς θὰ δώσω,
στὲς ἀπολαύσεις τὲς ὀνειρεμένες,
στὲς τολμηρότερες ἐρωτικὲς ἐπιθυμίες,
στὲς λάγνες τοῦ αἵματός μου ὁρμές, χωρὶς
κανέναν φόβο, γιατὶ ὅταν θέλω —
καὶ θἄχω θέλησι, δυναμωμένος
ὡς θἆμαι μὲ θεωρία καὶ μελέτη —
στὲς κρίσιμες στιγμὲς θὰ ξαναβρίσκω
τὸ πνεῦμα μου, σὰν πρίν, ἀσκητικό.»

Risky Things

Myrtias (he a Syrian studying
in Alexandria at the time of the
Emperors Constans and Constantius;
a bit of a pagan, yet drawn to Christianity)
said: "Refreshed by speculation and study,
I won't shrink like a coward from my passions.
I will surrender my body to carnal delights,
to pleasures such as one might dream,
to the most audacious erotic cravings,
to my blood's voluptuary vitality, without
fear of any sort. For whenever I wish—
I'll have, after all, ample resolve, invigorated
as I've become by speculation and study—
I will, at the decisive moment, reclaim
my spirit, as abstemious as ever."

Φιλέλλην

Τὴν χάραξι φρόντισε τεχνικὰ νὰ γίνει.
Ἔκφρασις σοβαρὴ καὶ μεγαλοπρεπής.
Τὸ διάδημα καλλίτερα μᾶλλον στενό·
ἐκεῖνα τὰ φαρδιὰ τῶν Πάρθων δὲν μὲ ἀρέσουν.
Ἡ ἐπιγραφή, ὡς σύνηθες, ἑλληνικά·
ὄχ’ ὑπερβολική, ὄχι πομπώδης—
μὴν τὰ παρεξηγήσει ὁ ἀνθύπατος
ποὺ ὅλο σκαλίζει καὶ μηνᾶ στὴν Ρώμη —
ἀλλ’ ὅμως βέβαια τιμητική.
Κάτι πολὺ ἐκλεκτὸ ἀπ’ τὸ ἄλλο μέρος·
κανένας δισκοβόλος ἔφηβος ὡραῖος.
Πρὸ πάντων σὲ συστείνω νὰ κυττάξεις
(Σιθάσπη, πρὸς θεοῦ, νὰ μὴ λησμονηθεῖ)
μετὰ τὸ Βασιλεὺς καὶ τὸ Σωτήρ,
νὰ χαραχθεῖ μὲ γράμματα κομψά, Φιλέλλην.
Καὶ τώρα μὴ μὲ ἀρχίζεις εὐφυολογίες,
τὰ «Ποῦ οἱ Ἕλληνες;» καὶ «Ποῦ τὰ Ἑλληνικὰ
πίσω ἀπ’ τὸν Ζάγρο ἐδῶ, ἀπὸ τὰ Φράατα πέρα».
Τόσοι καὶ τόσοι βαρβαρότεροί μας ἄλλοι
ἀφοῦ τὸ γράφουν, θὰ τὸ γράψουμε κ’ ἐμεῖς.
Καὶ τέλος μὴ ξεχνᾶς ποὺ ἐνίοτε
μᾶς ἔρχοντ’ ἀπὸ τὴν Συρία σοφισταί,
καὶ στιχοπλόκοι, κι ἄλλοι ματαιόσπουδοι.
Ὥστε ἀνελλήνιστοι δὲν εἴμεθα, θαρρῶ.

Philhellene

Make sure the engraving is a work of art.
The visage should be solemn and majestic.
The crown should be rather more narrow;
I really don't care for the broader Parthian style.
The inscription, needless to say, will be in Greek.
Nothing ostentatious, however, nothing grandiose,
should the proconsul, who's been poking around
and reporting back to Rome, get the wrong idea.
Nevertheless, it must denote honor.
On the verso, something quite special:
let's say a handsome young discus thrower.
Of paramount importance, I urge that you don't fail
(Sithaspes, in god's name not to be forgotten)
to engrave, after the words "King," and "Savior,"
the word "Philhellene," in your most elegant letters.
And please don't start in with the usual wisecracks,
such as "Where do you see Greeks?" and
"What is Greek here, past Zagros and beyond Phraata?"
Seeing how so many who are more barbaric than we
have inscribed that word, we'll inscribe it, as well.
I'd like to remind you that every so often
Syrian Sophists come to call on us here,
not to mention rhymesters and other haughty sorts.
That says to me we're not so un-Hellenized, after all.

Ἡρώδης Ἀττικὸς

Ἂ τοῦ Ἡρώδη τοῦ Ἀττικοῦ τί δόξα εἶν' αὐτή.

Ὁ Ἀλέξανδρος τῆς Σελευκείας, ἀπ' τοὺς καλούς μας σοφιστάς,
φθάνοντας στὰς Ἀθήνας νὰ ὁμιλήσει,
βρίσκει τὴν πόλιν ἄδεια, ἐπειδὴ ὁ Ἡρώδης
ἦταν στὴν ἐξοχή. Κ' ἡ νεολαία
ὅλη τὸν ἀκολούθησεν ἐκεῖ νὰ τὸν ἀκούει.
Ὁ σοφιστὴς Ἀλέξανδρος λοιπὸν
γράφει πρὸς τὸν Ἡρώδη ἐπιστολή,
καὶ τὸν παρακαλεῖ τοὺς Ἕλληνας νὰ στείλει.
Ὁ δὲ λεπτὸς Ἡρώδης ἀπαντᾶ εὐθύς,
«Ἔρχομαι μὲ τοὺς Ἕλληνας μαζὺ κ' ἐγώ.»—

Πόσα παιδιὰ στὴν Ἀλεξάνδρεια τώρα,
στὴν Ἀντιόχεια, ἢ στὴν Βηρυτὸ
(οἱ ῥήτορές του οἱ αὐριανοὶ ποὺ ἑτοιμάζει ὁ ἑλληνισμός),
ὅταν μαζεύονται στὰ ἐκλεκτὰ τραπέζια
ποὺ πότε ἡ ὁμιλία εἶναι γιὰ τὰ ὡραῖα σοφιστικά,
καὶ πότε γιὰ τὰ ἐρωτικά των τὰ ἐξαίσια,
ἔξαφν' ἀφηρημένα σιωποῦν.
Ἄγγιχτα τὰ ποτήρια ἀφίνουνε κοντά των,
καὶ συλλογίζονται τὴν τύχη τοῦ Ἡρώδη—
ποιὸς ἄλλος σοφιστὴς τ' ἀξιώθηκεν αὐτά;—
κατὰ ποὺ θέλει καὶ κατὰ ποὺ κάμνει
οἱ Ἕλληνες (οἱ Ἕλληνες!) νὰ τὸν ἀκολουθοῦν,
μήτε νὰ κρίνουν ἢ νὰ συζητοῦν,
μήτε νὰ ἐκλέγουν πιά, ν' ἀκολουθοῦνε μόνο.

Herodes Attikos

Ah, what a triumph this is for Herodes Attikos!

Alexander of Selefkia, one of our better sophists,
upon arriving to lecture in Athens
finds a city deserted; Herodes, you see,
is in the countryside, and all the young men
have followed so they may hear him speak.
Therefore the sophist Alexander
sends a message to Herodes
imploring him to return the Greeks.
To which the tactful Herodes promptly responds:
"I am returning, and with me the Greeks."

How many young men now in Antioch,
in Alexandria, and in Beirut
(our future orators, Hellenism's legacy)
coming together at sumptuous feasts,
where conversation often dwells on fine sophistry,
and sometimes on splendid love affairs,
abruptly, as if distracted, fall silent?
The glasses before them remain untouched
as they consider Herodes' good fortune—
what other sophist has ever known such fame?—
Whatever he desires, whatever he does,
the Greeks (the Greeks!) follow him,
neither judgmental nor inquisitive,
nor even bothering to choose. Only to follow.

Ἀλεξανδρινοὶ Βασιλεῖς

Μαζεύθηκαν οἱ Ἀλεξανδρινοὶ
νὰ δοῦν τῆς Κλεοπάτρας τὰ παιδιά,
τὸν Καισαρίωνα, καὶ τὰ μικρά του ἀδέρφια,
Ἀλέξανδρο καὶ Πτολεμαῖο, ποὺ πρώτη
φορὰ τὰ βγάζαν ἔξω στὸ Γυμνάσιο,
ἐκεῖ νὰ τὰ κηρύξουν βασιλεῖς,
μὲς στὴ λαμπρὴ παράταξι τῶν στρατιωτῶν.

Ὁ Ἀλέξανδρος— τὸν εἶπαν βασιλέα
τῆς Ἀρμενίας, τῆς Μηδίας, καὶ τῶν Πάρθων.
Ὁ Πτολεμαῖος— τὸν εἶπαν βασιλέα
τῆς Κιλικίας, τῆς Συρίας, καὶ τῆς Φοινίκης.
Ὁ Καισαρίων στέκονταν πιὸ ἐμπροστά,
ντυμένος σὲ μετάξι τριανταφυλλί,
στὸ στῆθος του ἀνθοδέσμη ἀπὸ ὑακίνθους,
ἡ ζώνη του διπλὴ σειρὰ σαπφείρων κι ἀμεθύστων,
δεμένα τὰ ποδήματά του μ' ἄσπρες
κορδέλλες κεντημένες μὲ ροδόχροα μαργαριτάρια.
Αὐτὸν τὸν εἶπαν πιότερο ἀπὸ τοὺς μικρούς,
αὐτὸν τὸν εἶπαν Βασιλέα τῶν Βασιλέων.

Οἱ Ἀλεξανδρινοὶ ἔνοιωθαν βέβαια
ποὺ ἦσαν λόγια αὐτὰ καὶ θεατρικά.

Ἀλλὰ ἡ μέρα ἤτανε ζεστὴ καὶ ποιητική,
ὁ οὐρανὸς ἕνα γαλάζιο ἀνοιχτό,
τὸ Ἀλεξανδρινὸ Γυμνάσιον ἕνα
θριαμβικὸ κατόρθωμα τῆς τέχνης,
τῶν αὐλικῶν ἡ πολυτέλεια ἔκτακτη,

Alexandrian Kings

The Alexandrians came together
to behold Cleopatra's children,
Caesarion and his little brothers,
Alexander and Ptolemy, who made
their first appearance before the public
in the stadium, there to be crowned kings
in the midst of a splendid martial spectacle.

They named Alexander King
of Armenia, Media, and the Parthians.
They named Ptolemy King
of Cilicia, Syria, and Phoenicia.
Then Caesarion stepped forward,
robed in rose-hued silk,
a spray of hyacinth above his heart,
his waist girded in sapphires and amethysts,
his shoes fastened with white laces
encrusted with roses of pearl.
On him they conferred more than the little ones,
on him they conferred the title King of Kings.

Of course, the Alexandrians understood
that these were mere words, mere performance.

And yet the day was poetic and warm:
the sky above the fairest blue,
the Alexandrian Gymnasium
a glorious triumph of artistic expression,
the courtiers' display of opulence remarkable,

ὁ Καισαρίων ὅλο χάρις κι ἐμορφιὰ
(τῆς Κλεοπάτρας υἱός, αἷμα τῶν Λαγιδῶν)·
κ' οἱ Ἀλεξανδρινοὶ ἔτρεχαν πιὰ στὴν ἑορτή,
κ' ἐνθουσιάζονταν, κ' ἐπευφημοῦσαν
ἑλληνικά, κ' αἰγυπτιακά, καὶ ποιοὶ ἑβραίικα,
γοητευμένοι μὲ τ' ὡραῖο θέαμα—
μ' ὅλο ποὺ βέβαια ἤξευραν τί ἄξιζαν αὐτά,
τί κούφια λόγια ἤσανε αὐτὲς ἡ βασιλεῖες.

Caesarion the very picture of grace and beauty
(the son of Cleopatra, blood of the Lagids);
the Alexandrians naturally thronged the stadium,
working themselves up and cheering
in Greek, in Egyptian, and even in Hebrew,
so thoroughly charmed were they by the spectacle—
even as they recognized the value of it all,
what empty words these kingships were.

Ἐπέστρεφε

Ἐπέστρεφε συχνὰ καὶ παῖρνε με,
ἀγαπημένη αἴσθησις ἐπέστρεφε καὶ παῖρνε με—
ὅταν ξυπνᾶ τοῦ σώματος ἡ μνήμη,
κ' ἐπιθυμία παληὰ ξαναπερνᾶ στὸ αἷμα·
ὅταν τὰ χείλη καὶ τὸ δέρμα ἐνθυμοῦνται,
κ' αἰσθάνονται τὰ χέρια σὰν ν' ἀγγίζουν πάλι.

Ἐπέστρεφε συχνὰ καὶ παῖρνε με τὴν νύχτα,
ὅταν τὰ χείλη καὶ τὸ δέρμα ἐνθυμοῦνται...

Return Often

Return often, return to embrace me,
precious sensation, return to embrace me
when the body's memory is aroused
and old desires once more stir the blood;
when the lips and the skin remember
and sense the hands stroking them anew.

Return often to embrace me at night
when the lips and the skin remember.

Στὴν Ἐκκλησία

Τὴν ἐκκλησίαν ἀγαπῶ — τὰ ἐξαπτέρυγά της,
τ' ἀσήμια τῶν σκευῶν, τὰ κηροπήγιά της,
τὰ φῶτα, τὲς εἰκόνες της, τὸν ἄμβωνά της.

Ἐκεῖ σὰν μπῶ, μὲς σ' ἐκκλησία τῶν Γραικῶν·
μὲ τῶν θυμιαμάτων της τὲς εὐωδίες,
μὲ τὲς λειτουργικὲς φωνὲς καὶ συμφωνίες,
τὲς μεγαλοπρεπεῖς τῶν ἱερέων παρουσίες
καὶ κάθε των κινήσεως τὸν σοβαρὸ ρυθμὸ —
λαμπρότατοι μὲς στῶν ἀμφίων τὸν στολισμὸ —
ὁ νοῦς μου πιαίνει σὲ τιμὲς μεγάλες τῆς φυλῆς μας,
στὸν ἔνδοξό μας Βυζαντινισμό.

In Church

I love the church—the winged standards,
the silver utensils and candle-holders,
the lights, the ikons, the pulpit.

Setting foot in the church of the Greeks,
into the redolence of the incense,
the liturgical voices and choruses,
the imposing presence of the clerics—
resplendent in their ornamented vestments
and solemn in the rhythm of every gesture—
I recall once again the noble deeds of our race,
and the glory of our Byzantine era.

1913

Πολὺ Σπανίως

Εἶν' ἔνας γέροντας. Ἐξηντλημένος καὶ κυρτός,
σακατεμένος ἀπ' τὰ χρόνια, κι ἀπὸ καταχρήσεις,
σιγὰ βαδίζοντας διαβαίνει τὸ σοκάκι.
Κι ὅμως σὰν μπεῖ στὸ σπίτι του νὰ κρύψει
τὰ χάλια καὶ τὰ γηρατειά του, μελετᾶ
τὸ μερτικὸ ποὺ ἔχει ἀκόμη αὐτὸς στὰ νειάτα.

Ἔφηβοι τώρα τοὺς δικούς του στίχους λένε.
Στὰ μάτια των τὰ ζωηρὰ περνοῦν ἡ ὀπτασίες του.
Τὸ ὑγιές, ἡδονικὸ μυαλό των,
ἡ εὔγραμμη, σφιχτοδεμένη σάρκα των,
μὲ τὴν δική του ἔκφανσι τοῦ ὡραίου συγκινοῦνται.

Very Seldom

He's a very old man. Worn-out, stooped,
crippled by age and intemperance,
he shuffles slowly across the alley.
Yet when he gets home, to conceal
his misery and old age, he contemplates
the stake that he still claims in youthfulness.

Young men are now declaiming his verses.
His visions pass before their lively eyes.
Their vigorous, voluptuous minds,
their firm and upstanding bodies,
respond to his special notion of beauty.

Ὅσο Μπορεῖς

Κι ἂν δὲν μπορεῖς νὰ κάμεις τὴν ζωή σου ὅπως τὴν θέλεις,
τοῦτο προσπάθησε τουλάχιστον
ὅσο μπορεῖς: μὴν τὴν ἐξευτελίζεις
μὲς στὴν πολλὴ συνάφεια τοῦ κόσμου,
μὲς στὲς πολλὲς κινήσεις κι ὁμιλίες.

Μὴν τὴν ἐξευτελίζεις πιαίνοντάς την,
γυρίζοντας συχνὰ κ' ἐκθέτοντάς την
στῶν σχέσεων καὶ τῶν συναναστροφῶν
τὴν καθημερινὴν ἀνοησία,
ὣς ποὺ νὰ γίνει σὰ μιὰ ξένη φορτική.

As Much As You Can

And if you can't make your life as you'd wish it,
try, at the very least, to accomplish this much:
do not make it less than what it already is
by mixing too excessively with the masses,
by hanging around and endlessly chattering.

Don't cheapen your life by parading it around,
hauling it everywhere and laying it out there
for the dreary humbug of familiars and fellowship,
until it comes to feel like a curious dead weight.

Τοῦ Μαγαζιοῦ

Τὰ ντύλιξε προσεκτικά, μὲ τάξι
σὲ πράσινο πολύτιμο μετάξι.

Ἀπὸ ρουμπίνια ρόδα, ἀπὸ μαργαριτάρια κρίνοι,
ἀπὸ ἀμεθύστους μενεξέδες. Ὡς αὐτὸς τὰ κρίνει,

τὰ θέλησε, τὰ βλέπει ὡραῖα· ὄχι ὅπως στὴν φύσι
τὰ εἶδεν ἢ τὰ σπούδασε. Μὲς στὸ ταμεῖον θὰ τ᾽ ἀφίσει,

δεῖγμα τῆς τολμηρῆς δουλειᾶς του καὶ ἱκανῆς.
Στὸ μαγαζὶ σὰν μπεῖ ἀγοραστὴς κανεὶς

βγάζει ἀπ᾽ τὲς θῆκες ἄλλα καὶ πουλεῖ — περίφημα στολίδια —
βραχιόλια, ἀλυσίδες, περιδέραια, καὶ δαχτυλίδια.

Of the Shop

He wrapped them so gently, taking great care,
in lovely green silk, expensive and rare:

roses of rubies and lilies of pearl,
amethyst violets; and these he is sure

are finer than any that one might see
in nature. He'll guard them with lock and key,

these proofs of his craft and skill with tools.
And if a buyer comes looking for jewels

he'll happily show them some other things,
baubles and bracelets and chains and rings.

Ἐπῆγα

Δὲν ἐδεσμεύθηκα. Τελείως ἀφέθηκα κ' ἐπῆγα.
Στὲς ἀπολαύσεις, ποὺ μισὸ πραγματικές,
μισὸ γυρνάμενες μὲς στὸ μυαλό μου ἦσαν,
ἐπῆγα μὲς στὴν φωτισμένη νύχτα.
Κ' ἤπια ἀπὸ δυνατὰ κρασιά, καθὼς
ποὺ πίνουν οἱ ἀνδρεῖοι τῆς ἡδονῆς.

I Went

I did not stop myself. I surrendered fully and went,
went willingly to those half-real pleasures,
to those that half-lurked in my thoughts—
I went into the incandescent evening.
And there I drank the heady wines
that those unafraid of erotic pleasure drink.

1914

Λυσίου Γραμματικοῦ Τάφος

Πλησιέστατα, δεξιὰ ποὺ μπαίνεις, στὴν βιβλιοθήκη
τῆς Βηρυτοῦ θάψαμε τὸν σοφὸ Λυσία,
γραμματικόν. Ὁ χῶρος κάλλιστα προσήκει.
Τὸν θέσαμε κοντὰ σ' αὐτά του ποὺ θυμᾶται
ἴσως κ' ἐκεῖ — σχόλια, κείμενα, τεχνολογία,
γραφές, εἰς τεύχη ἑλληνισμῶν πολλὴ ἑρμηνεία.
Κ' ἐπίσης ἔτσι ἀπὸ μᾶς θὰ βλέπεται καὶ θὰ τιμᾶται
ὁ τάφος του, ὅταν ποὺ περνοῦμε στὰ βιβλία.

Tomb of Lysias, Grammarian

Just to your right, as you enter the Beirut
Library, is where we buried the learned Lysias,
he the Grammarian. The site is really quite fitting.
We gave him a place near his things, those he remembers
perhaps even now—his texts, his commentaries,
the grammars and notes and handbooks of Greek.
And, of course, we, too, can catch sight of his tomb,
and honor it, as we make our way to the books.

Εὐρίωνος Τάφος

Εἰς τὸ περίτεχνον αὐτὸ μνημεῖον,
ὁλόκληρον ἐκ λίθου συηνίτου,
ποὺ τὸ σκεπάζουν τόσοι μενεξέδες, τόσοι κρίνοι,
εἶναι θαμένος ὁ ὡραῖος Εὐρίων.
Παιδὶ ἀλεξανδρινό, εἴκοσι πέντε χρόνων.
Ἀπ' τὸν πατέρα του, γενιὰ παληὰ τῶν Μακεδόνων·
ἀπὸ ἀλαβάρχας τῆς μητέρας του ἡ σειρά.
Ἔκαμε μαθητὴς τοῦ Ἀριστοκλείτου στὴν φιλοσοφία,
τοῦ Πάρου στὰ ρητορικά. Στὰς Θήβας τὰ ἱερὰ
γράμματα σπούδασε. Τοῦ Ἀρσινοΐτου
νομοῦ συνέγραψε ἱστορίαν. Αὐτὸ τουλάχιστον θὰ μείνει.
Χάσαμεν ὅμως τὸ πιὸ τίμιο — τὴν μορφή του,
ποὺ ἤτανε σὰν μιὰ ἀπολλώνια ὀπτασία.

The Tomb of Evrion

Here in this ingenious memorial,
fashioned wholly of syenite stone,
enfolded by so many lilies and violets,
lies the body of the handsome Evrion,
an Alexandrian child of twenty-five.
On his father's side, of old Macedonian stock;
on his mother's, from a line of Jewish magistrates.
He became a student of philosophy under Aristokleitos;
under Paros he studied rhetoric. At Thebes he read
the sacred texts. He wrote a history of the Nome
of Arsinoë. This, at least, will persist.
But what we have lost was most precious of all:
his countenance—like an Apollonian vision.

Πολυέλαιος

Σὲ κάμαρη ἄδεια καὶ μικρή, τέσσαρες τοῖχοι μόνοι,
καὶ σκεπασμένοι μὲ ὁλοπράσινα πανιά,
καίει ἕνας πολυέλαιος ὡραῖος καὶ κορώνει·
καὶ μὲς στὴ φλόγα του τὴν καθεμιὰ πυρώνει
μιὰ λάγνη πάθησις, μιὰ λάγνη ὁρμή.

Μὲς στὴν μικρὴ τὴν κάμαρη, ποὺ λάμπει ἀναμμένη
ἀπὸ τοῦ πολυελαίου τὴν δυνατὴ φωτιά,
διόλου συνειθισμένο φῶς δὲν εἶν' αὐτὸ ποὺ βγαίνει.
Γι' ἄτολμα σώματα δὲν εἶναι καμωμένη
αὐτῆς τῆς ζέστης ἡ ἡδονή.

Chandelier

In a small room, empty, four walls outright,
wrapped about with a green-hued sheet,
a lovely chandelier's all glowing light,
and its bright burning flames ignite
a splendid urge and a lust most splendid.

Within this small room, dazzlingly lighted,
bathed in the chandelier's bright heat,
a rare sort of brilliance has ignited.
The fervent heat this lust has excited
for timid bodies is not intended.

Μακρυὰ

Θἄθελα αὐτὴν τὴν μνήμη νὰ τὴν πῶ...
Μὰ ἔτσι ἐσβύσθη πιά... σὰν τίποτε δὲν ἀπομένει —
γιατὶ μακρυά, στὰ πρῶτα ἐφηβικά μου χρόνια κεῖται.

Δέρμα σὰν καμωμένο ἀπὸ ἰασεμί...
Ἐκείνη τοῦ Αὐγούστου — Αὔγουστος ἦταν; — ἡ βραδυά...
Μόλις θυμοῦμαι πιὰ τὰ μάτια· ἦσαν, θαρρῶ, μαβιά...
Ἄ ναί, μαβιά· ἕνα σαπφείρινο μαβί.

Long Ago

I intended to share a particular memory . . .
but it's all but gone now, almost nothing left,
since it was so long ago, back there in my youth.

A skin made to seem so like jasmine,
that August—was it August?—that evening . . .
I can almost make out the eyes: a deep blue, I think.
Yes, that's it: a deep blue. A sapphire blue.

1915

Σοφοὶ δὲ Προσιόντων

Θεοὶ μὲν γὰρ μελλόντων, ἄνθρωποι δὲ γιγνομένων,
σοφοὶ δὲ προσιόντων αἰσθάνονται.

Φιλόστρατος, Τὰ ἐς τὸν Τυανέα Ἀπολλώνιον, VIII, 7

Οἱ ἄνθρωποι γνωρίζουν τὰ γινόμενα.
Τὰ μέλλοντα γνωρίζουν οἱ θεοί,
πλήρεις καὶ μόνοι κάτοχοι πάντων τῶν φώτων.
Ἐκ τῶν μελλόντων οἱ σοφοὶ τὰ προσερχόμενα
ἀντιλαμβάνονται. Ἡ ἀκοὴ

αὐτῶν κάποτε ἐν ὥραις σοβαρῶν σπουδῶν
ταράττεται. Ἡ μυστικὴ βοὴ
τοὺς ἔρχεται τῶν πλησιαζόντων γεγονότων.
Καὶ τὴν προσέχουν εὐλαβεῖς. Ἐνῶ εἰς τὴν ὁδὸν
ἔξω, οὐδὲν ἀκούουν οἱ λαοί.

Wise Men Sense Things About to Happen

For the gods know the future, men the present,
but wise men that which is approaching.

Philostratos, On Apollonios of Tyana, viii, 7

Ordinary folk know what happens in the moment.
Gods, being so thoroughly enlightened,
know the way of the future.
But wise men sense impending events
as they approach. Once in a while,

amid earnest study, something will disturb
their hearing. The low sound
of events to come draws close,
and they pay it reverent attention. Meanwhile,
in the street, ordinary folk don't hear a thing.

1915

Ὁ Θεόδοτος

Ἂν εἶσαι ἀπ' τοὺς ἀληθινὰ ἐκλεκτούς,
τὴν ἐπικράτησί σου κύταζε πῶς ἀποκτᾶς.
Ὅσο κι ἂν δοξασθεῖς, τὰ κατορθώματά σου
στὴν Ἰταλία καὶ στὴν Θεσσαλία
ὅσο κι ἂν διαλαλοῦν ἡ πολιτεῖες,
ὅσα ψηφίσματα τιμητικὰ
κι ἂν σ' ἔβγαλαν στὴ Ρώμη οἱ θαυμασταί σου,
μήτε ἡ χαρά σου, μήτε ὁ θρίαμβος θὰ μείνουν,
μήτε ἀνώτερος — τί ἀνώτερος; — ἄνθρωπος θὰ αἰσθανθεῖς,
ὅταν, στὴν Ἀλεξάνδρεια, ὁ Θεόδοτος σὲ φέρει,
ἐπάνω σὲ σινὶ αἱματωμένο,
τοῦ ἀθλίου Πομπηΐου τὸ κεφάλι.

Καὶ μὴ ἐπαναπαύεσαι ποὺ στὴν ζωή σου
περιωρισμένη, τακτοποιημένη, καὶ πεζή,
τέτοια θεαματικὰ καὶ φοβερὰ δὲν ἔχει.
Ἴσως αὐτὴν τὴν ὥρα εἰς κανενὸς γειτόνου σου
τὸ νοικοκερεμένο σπίτι μπαίνει —
ἀόρατος, ἄϋλος — ὁ Θεόδοτος,
φέρνοντας τέτοιο ἕνα φρικτὸ κεφάλι.

Theodotos

Should you find yourself among the chosen few,
mind how you secure your triumphs.
Despite how high you are raised up, despite
how the cities acclaim your accomplishments
throughout Italy, and in Thessaly, as well,
despite the many citations your Roman
admirers draft in your honor,
neither satisfaction nor success will endure,
nor will you feel like a superior (superior!) man
when, in Alexandria, Theodotos offers you,
laid out on a blood-smeared salver,
the head of that despicable Pompey.

And don't be so sure that in your fastidious, temperate,
banal life, no such horrific and gruesome acts will occur.
Perhaps at this very hour an invisible, incorporeal Theodotos
has entered the proper home of a neighbor of yours,
carrying with him just such an atrocious head.

Στοῦ Καφενείου τὴν Εἴσοδο

Τὴν προσοχή μου κάτι ποὺ εἶπαν πλάγι μου
διεύθυνε στοῦ καφενείου τὴν εἴσοδο.
Κ' εἶδα τ' ὡραῖο σῶμα ποὺ ἔμοιαζε
σὰν ἀπ' τὴν ἄκρα πεῖρα του νὰ τώκαμεν ὁ Ἔρως —
πλάττοντας τὰ συμμετρικά του μέλη μὲ χαρά·
ὑψώνοντας γλυπτὸ τὸ ἀνάστημα·
πλάττοντας μὲ συγκίνησι τὸ πρόσωπο
κι ἀφίνοντας ἀπ' τῶν χεριῶν του τὸ ἄγγιγμα
ἕνα αἴσθημα στὸ μέτωπο, στὰ μάτια, καὶ στὰ χείλη.

At the Café's Door

Something that someone beside me said
caused me to look toward the café's door,
where I beheld a body so lovely it seemed
created by Eros from his own vast experience:
fashioning, with relish, its flawless limbs,
exalting its carriage as that of a sculpture,
giving shape to the face with profound ardor,
and imparting, with a last touch of his hands,
a certain emotion to the brow, the eyes, the lips.

Ὀμνύει

Ὀμνύει κάθε τόσο   ν' ἀρχίσει πιὸ καλὴ ζωή.
Ἀλλ' ὅταν ἔλθ' ἡ νύχτα   μὲ τὲς δικές της συμβουλές,
μὲ τοὺς συμβιβασμούς της,   καὶ μὲ τὲς ὑποσχέσεις της·
ἀλλ' ὅταν ἔλθ' ἡ νύχτα   μὲ τὴν δική της δύναμι
τοῦ σώματος ποὺ θέλει καὶ ζητεῖ, στὴν ἴδια
μοιραία χαρά, χαμένος, ξαναπιαίνει.

He Vows

Every so often he vows   to lead a better life.
But when night comes again   bearing its own counsel,
and its own allowances,   and its assurances,
when night comes again   with its own energies
he falls back, beaten down, back to the deadly joy.

Μιὰ Νύχτα

Ἡ κάμαρα ἦταν πτωχικὴ καὶ πρόστυχη,
κρυμμένη ἐπάνω ἀπὸ τὴν ὕποπτη ταβέρνα.
Ἀπ' τὸ παράθυρο φαίνονταν τὸ σοκάκι,
τὸ ἀκάθαρτο καὶ τὸ στενό. Ἀπὸ κάτω
ἤρχονταν ἡ φωνὲς κάτι ἐργατῶν
ποὺ ἔπαιζαν χαρτιὰ καὶ ποὺ γλεντοῦσαν.

Κ' ἐκεῖ στὸ λαϊκό, τὸ ταπεινὸ κρεββάτι
εἶχα τὸ σῶμα τοῦ ἔρωτος, εἶχα τὰ χείλη
τὰ ἡδονικὰ καὶ ρόδινα τῆς μέθης —
τὰ ρόδινα μιᾶς τέτοιας μέθης, ποὺ καὶ τώρα
ποὺ γράφω, ἔπειτ' ἀπὸ τόσα χρόνια!,
μὲς στὸ μονῆρες σπίτι μου, μεθῶ ξανά.

One Night

The room, shabbily furnished and crude,
was tucked away over a seedy taverna.
From the window one could see an alley,
littered and narrow. One heard, rising up
from below, the voices of working folk
as they played cards and caroused.

And there, on that plain, simple bed
I thrilled to the body of erotic love,
to the intoxication of red blushing lips—
blushing lips so thoroughly intoxicating, that
even now, writing here in the cloister of my
home, so many years later, I am drunk again.

Θάλασσα τοῦ Πρωϊοῦ

Ἐδῶ ἃς σταθῶ. Κι ἃς δῶ κ' ἐγὼ τὴν φύσι λίγο.
Θάλασσας τοῦ πρωϊοῦ κι ἀνέφελου οὐρανοῦ
λαμπρὰ μαβιά, καὶ κίτρινη ὄχθη· ὅλα
ὡραῖα καὶ μεγάλα φωτισμένα.

Ἐδῶ ἃς σταθῶ. Κι ἃς γελασθῶ πὼς βλέπω αὐτὰ
(τὰ εἶδ' ἀλήθεια μιὰ στιγμὴ σὰν πρωτοστάθηκα)·
κι ὄχι κ' ἐδῶ τὲς φαντασίες μου,
τὲς ἀναμνήσεις μου, τὰ ἰνδάλματα τῆς ἡδονῆς.

Morning Sea

I wish to linger here, to gaze a moment
at nature: the vivid violet of the morning sea
and cloudless sky, the shoreline yellow;
all quite lovely as it swims in light.

I wish to linger, though it's folly to think
that I see all this (in fact, I did see it, for a moment,
when first I stopped) and not just my fantasies again,
my memories, my visions of erotic ecstasy.

Ζωγραφισμένα

Τὴν ἐργασία μου τὴν προσέχω καὶ τὴν ἀγαπῶ.
Μὰ τῆς συνθέσεως μ' ἀποθαρρύνει σήμερα ἡ βραδύτης.
Ἡ μέρα μ' ἐπηρέασε. Ἡ μορφή της
ὅλο καὶ σκοτεινιάζει. Ὅλο φυσᾶ καὶ βρέχει.
Πιότερο ἐπιθυμῶ νὰ δῶ παρὰ νὰ πῶ.
Στὴ ζωγραφιὰν αὐτὴ κυττάζω τώρα
ἕνα ὡραῖο ἀγόρι ποὺ σιμὰ στὴ βρύσι
ἐπλάγιασεν, ἀφοῦ θ' ἀπέκαμε νὰ τρέχει.
Τί ὡραῖο παιδί· τί θεῖο μεσημέρι τὸ ἔχει
παρμένο πιὰ γιὰ νὰ τὸ ἀποκοιμίσει. —
Κάθομαι καὶ κυττάζω ἔτσι πολλὴν ὥρα.
Καὶ μὲς στὴν τέχνη πάλι, ξεκουράζομαι ἀπ' τὴν δούλεψή της.

Painted

I love my work, and I attend to it diligently.
But today the slowness of the writing discourages me.
The day is doing it: it's becoming increasingly
gloomy. The wind is blowing, and the rain is falling.
I'd rather be looking at things than talking.
I'm looking now at this painting of a beautiful youth
who lies by a spring, clearly exhausted from running.
What a gorgeous boy; what a divine midday has
overtaken him and led him to sleep!
I sit here and gaze at him endlessly in this way;
finding respite in art from the strain of composing it.

1915

Ὀροφέρνης

Αὐτὸς ποὺ εἰς τὸ τετράδραχμον ἐπάνω
μοιάζει σὰν νὰ χαμογελᾶ τὸ πρόσωπό του,
τὸ ἔμορφο, λεπτό του πρόσωπο,
αὐτὸς εἶν' ὁ Ὀροφέρνης Ἀριαράθου.

Παιδὶ τὸν ἔδιωξαν ἀπ' τὴν Καππαδοκία,
ἀπ' τὸ μεγάλο πατρικὸ παλάτι,
καὶ τὸν ἐστείλανε νὰ μεγαλώσει
στὴν Ἰωνία, καὶ νὰ ξεχασθεῖ στοὺς ξένους.

Ἆ ἐξαίσιες τῆς Ἰωνίας νύχτες
ποὺ ἄφοβα, κ' ἑλληνικὰ ὅλως διόλου
ἐγνώρισε πλήρη τὴν ἡδονή.
Μὲς στὴν καρδιά του, πάντοτε Ἀσιανός·
ἀλλὰ στοὺς τρόπους του καὶ στὴν λαλιά του Ἕλλην,
μὲ περουζέδες στολισμένος, ἑλληνοντυμένος,
τὸ σῶμα του μὲ μύρον ἰασεμιοῦ εὐωδιασμένο,
κι ἀπ' τοὺς ὡραίους τῆς Ἰωνίας νέους,
ὁ πιὸ ὡραῖος αὐτός, ὁ πιὸ ἰδανικός.

Κατόπι σὰν οἱ Σύροι στὴν Καππαδοκία
μπῆκαν, καὶ τὸν ἐκάμαν βασιλέα,
στὴν βασιλεία χύθηκεν ἐπάνω
γιὰ νὰ χαρεῖ μὲ νέον τρόπο κάθε μέρα,
γιὰ νὰ μαζεύει ἁρπαχτικὰ χρυσὸ κι ἀσῆμι,
καὶ γιὰ νὰ εὐφραίνεται, καὶ νὰ κομπάζει,
βλέποντας πλούτη στοιβαγμένα νὰ γυαλίζουν.
Ὅσο γιὰ μέριμνα τοῦ τόπου, γιὰ διοίκησι —
οὔτ' ἤξερε τί γένονταν τριγύρω του.

Orophernes

The one whose face is on this tetradrachm,
a lovely, finely-rendered face,
he is Orophernes, son of Ariarathes.

Still a child, they cast him out of
Cappadocia—out of his family's great palace—
and sent him to live in Ionia, to be
lost among the strangers there.

Ah, those delicious Ionian nights
when, daringly, and in such a Greek manner,
he grew wise in the ways of erotic pleasure.
In his heart was he ever an Asiatic,
but in his conduct and discourse a Greek:
arrayed in precious stones, in Hellenic garb,
scented all over with jasmine perfume.
Among the beautiful young Ionians
he was the most beautiful, the most ideal.

Then when the Syrians arrived in
Cappadocia they crowned him king,
and he lost himself in royal privilege,
delighting in new indulgences daily,
coveting and hoarding gold and silver,
obliging himself and gloating over it,
his eyes aflame with the glitter of wealth.
As for his country's wellbeing, or its governance,
he was ignorant of all that went on around him.

Οἱ Καππαδόκες γρήγορα τὸν βγάλαν·
καὶ στὴν Συρία ξέπεσε, μὲς στὸ παλάτι
τοῦ Δημητρίου νὰ διασκεδάζει καὶ νὰ ὀκνεύει.

Μιὰ μέρα ὡστόσο τὴν πολλὴν ἀργία του
συλλογισμοὶ ἀσυνείθιστοι διέκοψαν·
θυμήθηκε ποὺ ἀπ' τὴν μητέρα του Ἀντιοχίδα,
κι ἀπ' τὴν παληὰν ἐκείνη Στρατονίκη,
κι αὐτὸς βαστοῦσε ἀπ' τὴν κορώνα τῆς Συρίας,
καὶ Σελευκίδης ἤτανε σχεδόν.
Γιὰ λίγο βγῆκε ἀπ' τὴν λαγνεία κι ἀπ' τὴν μέθη,
κι ἀνίκανα, καὶ μισοζαλισμένος
κάτι ἐζήτησε νὰ ραδιουργήσει,
κάτι νὰ κάμει, κάτι νὰ σχεδιάσει,
κι ἀπέτυχεν οἰκτρὰ κι' ἐξουδενώθη.

Τὸ τέλος του κάπου θὰ γράφηκε κ' ἐχάθη·
ἢ ἴσως ἡ ἱστορία νὰ τὸ πέρασε,
καί, μὲ τὸ δίκιο της, τέτοιο ἀσήμαντο
πρᾶγμα δὲν καταδέχθηκε νὰ τὸ σημειώσει.

Αὐτὸς ποὺ εἰς τὸ τετράδραχμον ἐπάνω
μιὰ χάρι ἀφῆκε ἀπ' τὰ ὡραῖα του νειάτα,
ἀπ' τὴν ποιητικὴ ἐμορφιά του ἕνα φῶς,
μιὰ μνήμη αἰσθητικὴ ἀγοριοῦ τῆς Ἰωνίας,
αὐτὸς εἶν' ὁ Ὀροφέρνης Ἀριαράθου.

The Cappadocians quickly disposed of him
and he traveled to Syria, to the palace of
Demetrios, where he again idled and indulged.

One day, however, a curious notion
imposed itself upon his extended indolence:
he recalled that, through his mother, Antiochis,
—and old Stratonike, his grandmother—
he too was a relation of the Syrian crown,
he too was practically a Selefkid!
For a time he swore off drink and debauchery
And, somewhat dazedly and ineffectually,
tried to provoke an intrigue, a plot
but, failing miserably, was crushed.

His demise, possibly recorded somewhere,
is lost, or perhaps history has passed it by,
and rightly so. But then such a trifle
was never really worth preserving.

The one whose face is on this tetradrachm,
whose grace of splendid youth remains,
whose poetic beauty glows lustrously,
a sensual reminder of Ionian youth,
he is Orophernes, son of Ariarathes.

Μάχη τῆς Μαγνησίας

Ἔχασε τὴν παληά του ὁρμή, τὸ θάρρος του.
Τοῦ κουρασμένου σώματός του, τοῦ ἄρρωστου

σχεδόν, θἄχει κυρίως τὴν φροντίδα. Κι ὁ ἐπίλοιπος
βίος του θὰ διέλθει ἀμέριμνος. Αὐτὰ ὁ Φίλιππος

τουλάχιστον διατείνεται. Ἀπόψι κύβους παίζει·
ἔχει ὄρεξι νὰ διασκεδάσει. Στὸ τραπέζι

βάλτε πολλὰ τριαντάφυλλα. Τί ἂν στὴν Μαγνησία
ὁ Ἀντίοχος κατεστράφηκε. Λένε πανωλεθρία

ἔπεσ᾽ ἐπάνω στοῦ λαμπροῦ στρατεύματος τὰ πλήθια.
Μπορεῖ νὰ τὰ μεγάλωσαν· ὅλα δὲν θᾶναι ἀλήθεια.

Εἴθε. Γιατὶ ἀγκαλὰ κ᾽ ἐχθρός, ἤσανε μιὰ φυλή.
Ὅμως ἕνα «εἴθε» εἶν᾽ ἀρκετό. Ἴσως κιόλας πολύ.

Ὁ Φίλιππος τὴν ἑορτὴ βέβαια δὲν θ᾽ ἀναβάλει.
Ὅσο κι ἂν στάθηκε τοῦ βίου του ἡ κόπωσις μεγάλη,

ἕνα καλὸ διατήρησεν, ἡ μνήμη διόλου δὲν τοῦ λείπει.
Θυμᾶται πόσο στὴν Συρία θρήνησαν, τί εἶδος λύπη

εἶχαν, σὰν ἔγινε σκουπίδι ἡ μάνα των Μακεδονία.—
Ν᾽ ἀρχίσει τὸ τραπέζι. Δοῦλοι· τοὺς αὐλούς, τὴ φωταψία.

The Battle of Magnesia

His former drive, his one-time nerve have fled
his weary bones, now less alive than dead,

he must attend. Yet doing so, he knows,
will offer him a life of calm repose.

Well, that's as much as what Philip assumes,
and cheerfully a game of dice resumes

amid fresh-cut blooms. Sad that Antiochos
was trounced at Magnesia. A ruckus

of carnage, they say, and all his men lost.
But perhaps it's not true, this horrid cost,

I wish they had lied. We were of the same race.
But wishing that way won't resolve the disgrace.

And Philip, of course, pursues his pleasure.
Though life be hard he still has his treasure:

a small thing, yes, but his memory's strong.
Remember the Syrian mourning throng:

the wailing for Macedonia's shame.
The feast! The songs! The lamps all set aflame!

Μανουὴλ Κομνηνὸς

Ὁ βασιλεὺς κὺρ Μανουὴλ ὁ Κομνηνὸς
μιὰ μέρα μελαγχολικὴ τοῦ Σεπτεμβρίου
αἰσθάνθηκε τὸν θάνατο κοντά. Οἱ ἀστρολόγοι
(οἱ πληρωμένοι) τῆς αὐλῆς ἐφλυαροῦσαν
ποὺ ἄλλα πολλὰ χρόνια θὰ ζήσει ἀκόμη.
Ἐνῶ ὅμως ἔλεγαν αὐτοί, ἐκεῖνος
παληὲς συνήθειες εὐλαβεῖς θυμᾶται,
κι ἀπ' τὰ κελλιὰ τῶν μοναχῶν προστάζει
ἐνδύματα ἐκκλησιαστικὰ νὰ φέρουν,
καὶ τὰ φορεῖ, κ' εὐφραίνεται ποὺ δείχνει
ὄψι σεμνὴν ἱερέως ἢ καλογήρου.

Εὐτυχισμένοι ὅλοι ποὺ πιστεύουν,
καὶ σὰν τὸν βασιλέα κὺρ Μανουὴλ τελειώνουν
ντυμένοι μὲς στὴν πίστι των σεμνότατα.

Manuel Komnenos

On a dismal day in September
the King, kyr-Manuel Komnenos,
felt himself near death. The court seers
(paid for) mumbled assurances
of a very long life to come.
But amid all their sniveling, he
wistfully remembered the old ways,
and demanded that they bring him,
from the cells of the monastery,
clerical vestments, which he donned,
glad to see that he now seemed
somber, like a priest, or a monk.

Happy are those who have faith and,
like the King kyr-Manuel are, at the end,
so modestly dressed in their faith.

Ἡ Δυσαρέσκεια τοῦ Σελευκίδου

Δυσαρεστήθηκεν ὁ Σελευκίδης
Δημήτριος νὰ μάθει ποὺ στὴν Ἰταλία
ἔφθασεν ἕνας Πτολεμαῖος σὲ τέτοιο χάλι.
Μὲ τρεῖς ἢ τέσσαρες δούλους μονάχα·
πτωχοντυμένος καὶ πεζός. Ἔτσι μιὰ εἰρωνεία
θὰ καταντήσουν πιά, καὶ παίγνιο μὲς στὴν Ρώμη
τὰ γένη των. Ποὺ κατὰ βάθος ἔγιναν
σὰν ἕνα εἶδος ὑπηρέται τῶν Ρωμαίων
τὸ ξέρει ὁ Σελευκίδης, ποὺ αὐτοὶ τοὺς δίδουν
κι αὐτοὶ τοὺς παίρνουνε τοὺς θρόνους των
αὐθαίρετα, ὡς ἐπιθυμοῦν, τὸ ξέρει.
Ἀλλὰ τουλάχιστον στὸ παρουσιαστικό των
ἂς διατηροῦν κάποια μεγαλοπρέπεια·
νὰ μὴ ξεχνοῦν ποὺ εἶναι βασιλεῖς ἀκόμη,
ποὺ λέγονται (ἀλοίμονον!) ἀκόμη βασιλεῖς.

Γι’ αὐτὸ συγχίσθηκεν ὁ Σελευκίδης
Δημήτριος· κι ἀμέσως πρόσφερε στὸν Πτολεμαῖο
ἐνδύματα ὁλοπόρφυρα, διάδημα λαμπρό,
βαρύτιμα διαμαντικά, πολλοὺς
θεράποντας καὶ συνοδούς, τὰ πιὸ ἀκριβά του ἄλογα,
γιὰ νὰ παρουσιασθεῖ στὴν Ρώμη καθὼς πρέπει,
σὰν Ἀλεξανδρινὸς Γραικὸς μονάρχης.

Ἀλλ’ ὁ Λαγίδης, ποὺ ἦλθε γιὰ τὴν ἐπαιτεία,
ἤξερε τὴν δουλειά του καὶ τ’ ἀρνήθηκε ὅλα·
διόλου δὲν τοῦ χρειάζονταν αὐτὲς ἡ πολυτέλειες.
Παληοντυμένος, ταπεινὸς μπῆκε στὴν Ρώμη,
καὶ κόνεψε σ’ ἑνὸς μικροῦ τεχνίτου σπίτι.

The Displeasure of Selefkides

Demetrios Selefkides was not pleased
to discover that a Ptolemy had arrived
in Italy in a deplorable condition:
with just a handful of slaves, dressed shabbily,
on foot. Thus would their dynasty hereafter
be judged by Rome, as an irony and a joke.
Yes, Selefkides is aware that they are really little more
than servants to the Romans, who award and rescind
their thrones casually, as they please. He knows this.
But they should at least keep up appearances,
at least maintain a certain magnificence,
and not forget that they're still, after all, kings,
that they are still (alas) called kings.

That's why Demetrios Selefkides was distressed,
and straightaway offered Ptolemy purple robes,
a precious crown, dazzling diamonds, a large
contingent of servants and courtiers, his beloved
thoroughbreds, so he could present himself to Rome
properly: an Alexandrian Greek monarch.

Ptolemy, however, who'd gone to Rome to beg,
knew well his business, and refused it all;
he had no need whatsoever for such indulgences.
He approached Rome humbly, dressed shabbily, and
took lodgings with a lowly craftsman.

Κ' ἔπειτα παρουσιάσθηκε σὰν κακομοίρης
καὶ σὰν πτωχάνθρωπος στὴν Σύγκλητο,
ἔτσι μὲ πιὸ ἀποτέλεσμα νὰ ζητιανέψει.

Then he appeared before the Senate as a pitiable,
impoverished man, intent, in his way, on begging.

1916

Όταν Διεγείρονται

Προσπάθησε νὰ τὰ φυλάξεις, ποιητή,
ὅσο κι ἂν εἶναι λίγα αὐτὰ ποὺ σταματιοῦνται.
Τοῦ ἐρωτισμοῦ σου τὰ ὀράματα.
Βάλ' τα, μισοκρυμένα, μὲς στὲς φράσεις σου.
Προσπάθησε νὰ τὰ κρατήσεις, ποιητή,
ὅταν διεγείρονται μὲς στὸ μυαλό σου
τὴν νύχτα ἢ μὲς στὴν λάμψι τοῦ μεσημεριοῦ.

When They Rouse

Strive to keep hold of them, poet,
those lascivious visions of yours,
regardless of how few yet remain.
Put them, half-hidden, in your verses.
Strive to keep hold of them, poet,
when they rouse in your thoughts,
whether at night or in the glare of noon.

1916

Ἐν τῇ Ὁδῷ

Τὸ συμπαθητικό του πρόσωπο, κομάτι ὠχρό·
τὰ καστανά του μάτια, σὰν κομένα·
εἴκοσι πέντ' ἐτῶν, πλὴν μοιάζει μᾶλλον εἴκοσι·
μὲ κάτι καλλιτεχνικὸ στὸ ντύσιμό του
— τίποτε χρῶμα τῆς κραβάτας, σχῆμα τοῦ κολλάρου —
ἀσκόπως περπατεῖ μὲς στὴν ὁδό,
ἀκόμη σὰν ὑπνωτισμένος ἀπ' τὴν ἄνομη ἡδονή,
ἀπὸ τὴν πολὺ ἄνομη ἡδονὴ ποὺ ἀπέκτησε.

Down the Street

His attractive face appears a bit ashen;
his hazel eyes reflect a weariness.
He's twenty-five, but could pass for twenty.
There's a bit of the artist in the way he dresses
(in the color of his tie, in the cut of his collar),
and he wanders without purpose down the street,
by the look of him yet besotted by the illicit pleasure,
the exceptional illicit pleasure he's just enjoyed.

Ἐνώπιον τοῦ Ἀγάλματος τοῦ Ἐνδυμίωνος

Ἐπὶ ἅρματος λευκοῦ ποὺ τέσσαρες ἡμίονοι
πάλλευκοι σύρουν, μὲ κοσμήματ' ἀργυρᾶ,
φθάνω ἐκ Μιλήτου εἰς τὸν Λάτμον. Ἱερὰ
τελῶν — θυσίας καὶ σπονδὰς — τῷ Ἐνδυμίωνι,
ἀπὸ τὴν Ἀλεξάνδρειαν ἔπλευσα ἐν τριήρει πορφυρᾷ.—
Ἰδοὺ τὸ ἄγαλμα. Ἐν ἐκστάσει βλέπω νῦν
τοῦ Ἐνδυμίωνος τὴν φημισμένην καλλονήν.
Ἰάσμων κάνιστρα κενοῦν οἱ δοῦλοι μου· κ' εὐοίωνοι
ἐπευφημίαι ἐξύπνησαν ἀρχαίων χρόνων ἡδονήν.

Before the Statue of Endymion

I've sailed from Alexandria in a purple trireme.
I've come to Latmos through Miletos
on a white chariot drawn by four white mules
harnessed in ornaments of silver.
I've come to partake in sacred rites,
in sacrifices and libations for Endymion.
Note the statue: in ecstasy I gaze upon
Endymion's celebrated beauty.
My slaves empty baskets of jasmine.
Acclamation and ovation awaken the ancient lust.

1917

Ἐν Πόλει τῆς Ὀσροηνῆς

Ἀπ' τῆς ταβέρνας τὸν καυγᾶ μᾶς φέραν πληγωμένο
τὸν φίλον Ρέμωνα χθὲς περὶ τὰ μεσάνυχτα.
Ἀπ' τὰ παράθυρα ποὺ ἀφίσαμεν ὁλάνοιχτα,
τ' ὡραῖο του σῶμα στὸ κρεββάτι φώτιζε ἡ σελήνη.
Εἴμεθα ἕνα κρᾶμα ἐδῶ· Σύροι, Γραικοί, Ἀρμένιοι, Μῆδοι.
Τέτοιος κι ὁ Ρέμων εἶναι. Ὅμως χθὲς σὰν φώτιζε
τὸ ἐρωτικό του πρόσωπο ἡ σελήνη,
ὁ νοῦς μας πῆγε στὸν πλατωνικὸ Χαρμίδη.

In a Town of Osroine

Last night, around midnight, they brought back to us
our friend Remon, who'd been hurt in a taverna brawl.
The moon, through a window we'd thrown wide open,
set his gorgeous body aglow, as he lay there on the bed.
We're a real stew here: Syrians, Greeks, Armenians, Medes.
Remon's one of us. And yet, last night, as the moon washed over
his lovely face, our thoughts drifted back to Plato's Charmides.

Πέρασμα

Ἐκεῖνα ποὺ δειλὰ φαντάσθη μαθητής, εἶν' ἀνοιχτά,
φανερωμένα ἐμπρός του. Καὶ γυρνᾶ, καὶ ξενυχτᾶ,
καὶ παρασύρεται. Κι ὡς εἶναι (γιὰ τὴν τέχνη μας) σωστό,
τὸ αἷμα του, καινούριο καὶ ζεστό,
ἡ ἡδονὴ τὸ χαίρεται. Τὸ σῶμα του νικᾶ
ἔκνομη ἐρωτικὴ μέθη· καὶ τὰ νεανικὰ
μέλη ἐνδίδουνε σ' αὐτήν.
                    Κ' ἔτσι ἕνα παιδὶ ἁπλὸ
γένεται ἄξιο νὰ τὸ δοῦμε, κι ἀπ' τὸν Ὑψηλὸ
τῆς Ποιήσεως Κόσμο μιὰ στιγμὴ περνᾶ κι αὐτὸ —
τὸ αἰσθητικὸ παιδί μὲ τὸ αἷμα του καινούριο καὶ ζεστό.

Passage

Everything he timidly imagined in his student days has
been laid bare before him now. And so he wanders about,
and stays out all night, and is seduced. Appropriately (for our art),
lust has had its way with his fresh hot blood. His body is overtaken
by illicit carnal desire, and every one of his youthful limbs
gives itself over to it.

No wonder, then, that a simple boy should be
worthy of our attentions, and for a brief moment is granted passage
through the transcendent world of poetry—
this sensual boy with his fresh hot blood.

Γιὰ τὸν Ἀμμόνη, ποὺ πέθανε 29 ἐτῶν, στὰ 610

Ραφαήλ, ὀλίγους στίχους σὲ ζητοῦν
γιὰ ἐπιτύμβιον τοῦ ποιητοῦ Ἀμμόνη νὰ συνθέσεις.
Κάτι πολὺ καλαίσθητον καὶ λεῖον. Σὺ θὰ μπορέσεις,
εἶσαι ὁ κατάλληλος, νὰ γράψεις ὡς ἁρμόζει
γιὰ τὸν ποιητὴν Ἀμμόνη, τὸν δικό μας.

Βέβαια θὰ πεῖς γιὰ τὰ ποιήματά του—
ἀλλὰ νὰ πεῖς καὶ γιὰ τὴν ἐμορφιά του,
γιὰ τὴν λεπτὴ ἐμορφιά του ποὺ ἀγαπήσαμε.

Πάντοτε ὡραῖα καὶ μουσικὰ τὰ ἑλληνικά σου εἶναι.
Ὅμως τὴν μαστοριά σου ὅληνα τὴ θέμε τώρα.
Σὲ ξένη γλῶσσα ἡ λύπη μας κ' ἡ ἀγάπη μας περνοῦν.
Τὸ αἰγυπτιακό σου αἴσθημα χύσε στὴν ξένη γλῶσσα.

Ραφαήλ, οἱ στίχοι σου ἔτσι νὰ γραφοῦν
ποὺ νἄχουν, ξέρεις, ἀπὸ τὴν ζωή μας μέσα των,
ποὺ κι ὁ ρυθμὸς κ' ἡ κάθε φράσις νὰ δηλοῦν
ποὺ γι' Ἀλεξανδρινὸ γράφει Ἀλεξανδρινός.

For Ammones, Who Died at 29 in 610 CE

Raphael, they've requested that you fashion a few lines of verse,
as an epitaph, as a commemoration of the poet Ammones.
Something exceptionally gracious and refined. You'll manage it,
you're the right man to come up with the right words
to commemorate the poet Ammones, who was one of our own.

It goes without saying that you'll acknowledge his poetry,
but you must also take pains to describe his beauty,
to speak of that delicate beauty we so esteemed.
Your Greek has always been lyrical and graceful.

But for this you must call on all your virtuosity.
Allow our love and grief to flow into that foreign tongue.
Imbue that other language with your Egyptian sentiment.
Raphael, take care to compose your verses in such a way

that they reflect—well, something of our life in them,
so that their rhythm, so that each and every phrase reveals
that he who writes for an Alexandrian is Alexandrian, too.

Ἕνας Θεός των

Ὅταν κανένας των περνοῦσεν ἀπ' τῆς Σελευκείας
τὴν ἀγορά, περὶ τὴν ὥρα ποὺ βραδυάζει,
σὰν ὑψηλὸς καὶ τέλεια ὡραῖος ἔφηβος,
μὲ τὴν χαρὰ τῆς ἀφθαρσίας μὲς στὰ μάτια,
μὲ τ' ἀρωματισμένα μαῦρα του μαλλιά,
οἱ διαβάται τὸν ἐκύτταζαν
κι ὁ ἕνας τὸν ἄλλονα ρωτοῦσεν ἂν τὸν γνώριζε,
κι ἂν ἦταν Ἕλλην τῆς Συρίας, ἢ ξένος. Ἀλλὰ μερικοί,
ποὺ μὲ περισσοτέρα προσοχὴ παρατηροῦσαν,
ἐκαταλάμβαναν καὶ παραμέριζαν·
κ' ἐνῶ ἐχάνετο κάτω ἀπ' τὲς στοές,
μὲς στὲς σκιὲς καὶ μὲς στὰ φῶτα τῆς βραδυᾶς,
πιαίνοντας πρὸς τὴν συνοικία ποὺ τὴν νύχτα
μονάχα ζεῖ, μὲ ὄργια καὶ κραιπάλη,
καὶ κάθε εἴδους μέθη καὶ λαγνεία,
ἐρέμβαζαν ποιὸς τάχα ἦταν ἐξ Αὐτῶν,
καὶ γιὰ ποιὰν ὕποπτην ἀπόλαυσί του
στῆς Σελευκείας τοὺς δρόμους ἐκατέβηκεν
ἀπ' τὰ Προσκυνητά, Πάνσεπτα Δώματα.

One of their Gods

When in the twilight hour one of them strode
through the marketplace of Selefkia—
outwardly a tall and wholly handsome youth,
with a delight of immortality in his eyes,
with his black and scented hair—
those whom he passed would consider him,
asking one another if he was known to anyone,
and if he might be a Syrian Greek, or a foreigner.
But others, scrutinizing him more closely,
would come to understand, and step aside;
and as he disappeared into the arcades' reaches,
into the shadows and the evening lights,
on a course for the district that awakens
only at night, with orgies and decadence,
with every manner of intoxication and lust,
they'd reflect on just which of Them he might be,
and for what dubious diversion he might have
descended into the streets of Selefkia
from those Most Holy and Venerated Halls.

Ἐν Ἑσπέρᾳ

Πάντως δὲν θὰ διαρκούσανε πολύ. Ἡ πεῖρα
τῶν χρόνων μὲ τὸ δείχνει. Ἀλλ' ὅμως κάπως βιαστικὰ
ἦλθε καὶ τὰ σταμάτησεν ἡ Μοῖρα.
Ἤτανε σύντομος ὁ ὡραῖος βίος.
Ἀλλὰ τί δυνατὰ ποὺ ἦσαν τὰ μύρα,
σὲ τί ἐξαίσια κλίνην ἐπλαγιάσαμε,
σὲ τί ἡδονὴ τὰ σώματά μας δώσαμε.

Μιὰ ἀπήχησις τῶν ἡμερῶν τῆς ἡδονῆς,
μιὰ ἀπήχησις τῶν ἡμερῶν κοντά μου ἦλθε,
κάτι ἀπ' τῆς νεότητός μας τῶν δυονῶ τὴν πύρα·
στὰ χέρια μου ἕνα γράμμα ξαναπῆρα,
καὶ διάβαζα πάλι καὶ πάλι ὡς ποὺ ἔλειψε τὸ φῶς.

Καὶ βγῆκα στὸ μπαλκόνι μελαγχολικὰ —
βγῆκα ν' ἀλλάξω σκέψεις βλέποντας τουλάχιστον
ὀλίγη ἀγαπημένη πολιτεία,
ὀλίγη κίνησι τοῦ δρόμου καὶ τῶν μαγαζιῶν.

In the Evening

In any event, it wouldn't have lasted for long. Years
of experience have made that much clear to me.
Nevertheless, fate did seem eager to end it.
The pleasant life was all too soon over.
And yet the perfumes were so intoxicating,
and the bed on which we lay so marvelous,
and the pleasure of our bodies so luscious.

An echo of those days of erotic pleasure,
an echo of those days came back to me,
an impression of the youthful fervor we once
shared; I found and opened once again a letter,
and read it, and read it again until the light was gone.

Sadly, then, I went out onto the balcony,
wishing to amend my thoughts by observing
even the least bit of my beloved city,
just a bit of activity in the streets, and in the shops.

Ἡδονῇ

Χαρὰ καὶ μύρο τῆς ζωῆς μου ἡ μνήμη τῶν ὡρῶν
ποὺ ηὗρα καὶ ποὺ κράτηξα τὴν ἡδονὴ ὡς τὴν ἤθελα.
Χαρὰ καὶ μύρο τῆς ζωῆς μου ἐμένα, ποὺ ἀποστράφηκα
τὴν κάθε ἀπόλαυσιν ἐρώτων τῆς ρουτίνας.

Arousal

The ecstasy and essence of my life: the recollection of those hours
when, as I wished, I surrendered to and seized upon sensual delights.
The ecstasy and essence of my own life, such that I rejected
out of hand any sort of routine erotic pleasure.

Γκρίζα

Κυττάζοντας ἕνα ὀπάλλιο μισὸ γκρίζο
θυμήθηκα δυὸ ὡραῖα γκρίζα μάτια
ποὺ εἶδα· θἆναι εἴκοσι χρόνια πρίν....

Γιὰ ἕναν μῆνα ἀγαπηθήκαμε.
Ἔπειτα ἔφυγε, θαρρῶ στὴν Σμύρνη,
γιὰ νὰ ἐργασθεῖ ἐκεῖ, καὶ πιὰ δὲν ἰδωθήκαμε.

Θ' ἀσχήμισαν — ἂν ζεῖ — τὰ γκρίζα μάτια·
θὰ χάλασε τ' ὡραῖο πρόσωπο.

Μνήμη μου, φύλαξέ τα σὺ ὡς ἦσαν.
Καί, μνήμη, ὅ,τι μπορεῖς ἀπὸ τὸν ἔρωτά μου αὐτόν,
ὅ,τι μπορεῖς φέρε με πίσω ἀπόψι.

Gray

While contemplating a grayish opal
I remembered two beautiful gray eyes
I'd seen—twenty years ago, it must have been.

We were lovers for a month or so.
Then he was gone, to Smyrna, I think,
to seek work, and that's the last I saw of him.

Those gray eyes—if he still lives—will have dimmed;
And his lovely face will have corroded.

Memory, preserve them the way they once were.
And, memory, reclaim what you can from that love of mine,
whatever you can, and bring it back to me tonight.

Ἰασῆ Τάφος

Κεῖμαι ὁ Ἰασῆς ἐνταῦθα. Τῆς μεγάλης ταύτης πόλεως
ὁ ἔφηβος ὁ φημισμένος γιὰ ἐμορφιά.
Μ' ἐθαύμασαν βαθεῖς σοφοί· κ' ἐπίσης ὁ ἐπιπόλαιος,
ὁ ἁπλοῦς λαός. Καὶ χαίρομουν ἴσα καὶ γιὰ

τὰ δυό. Μὰ ἀπ' τὸ πολὺ νὰ μ' ἔχει ὁ κόσμος Νάρκισσο κ' Ἑρμῆ,
ἡ καταχρήσεις μ' ἔφθειραν, μ' ἐσκότωσαν. Διαβάτη,
ἂν εἶσαι Ἀλεξανδρεύς, δὲν θὰ ἐπικρίνεις. Ξέρεις τὴν ὁρμὴ
τοῦ βίου μας· τί θέρμην ἔχει· τί ἡδονὴ ὑπερτάτη.

The Tomb of Iases

I, Iases, lie here, a young man celebrated
for his surpassing beauty in this great city.
The wisest among us admired me, as did the
common people, and I delighted equally in both.

But being for them both Narkissos and Hermes
took its toll. Excess drained me; it killed me. Stranger,
if you're an Alexandrian, you won't hold me to account.
You know this life's demands; that fever; that ultimate lust.

Ἐν τῷ Μηνὶ Ἀθὺρ

Μὲ δυσκολία διαβάζω   στὴν πέτρα τὴν ἀρχαία.
«Κύ[ρι]ε Ἰησοῦ Χριστέ».   Ἕνα «Ψυ[χ]ήν» διακρίνω.
«Ἐν τῷ μη[νὶ] Ἀθὺρ»   «Ὁ Λεύκιο[ς] ἐ[κοιμ]ήθη».
Στὴ μνεία τῆς ἡλικίας   «Ἐβί[ωσ]εν ἐτῶν»,
τὸ Κάππα Ζῆτα δείχνει   ποὺ νέος ἐκοιμήθη.
Μὲς στὰ φθαρμένα βλέπω   «Αὐτὸ[ν]... Ἀλεξανδρέα».
Μετὰ ἔχει τρεῖς γραμμὲς   πολὺ ἀκρωτηριασμένες·
μὰ κάτι λέξεις βγάζω —   σὰν «δ[ά]κρυα ἡμῶν», «ὀδύνην»,
κατόπιν πάλι «δάκρυα»,   καὶ «[ἡμ]ῖν τοῖς [φ]ίλοις πένθος».
Μὲ φαίνεται ποὺ ὁ Λεύκιος   μεγάλως θ' ἀγαπήθη.
Ἐν τῷ μηνὶ Ἀθὺρ   ὁ Λεύκιος ἐκοιμήθη.

In the Month Athyr

With considerable effort I read   inscribed on the ancient stone:
"KY[RI]E IESOU CHRISTE."   I can just pick out a "SO[U]L."
"IN THE MON[TH] OF ATHYR."   "LEFKIO[S] WENT TO S[LEE]P."
Where his age ought to be—   "HE LIV[ED] . . . YEARS"—
the Greek numerals reveal   that he fell asleep a young man.
Within the abraded inscription   I see "HI[M] . . . ALEXANDRIAN."
And after that, I regard   three badly disfigured lines,
and can just make out the words   "OUR TE[AR]S," "PAIN," then
once again "TEARS," and   W[E] HIS [F]RIENDS GRIEVE."
It seems to me that Lefkios   was surely dearly loved.
In the month Athyr   Lefkios went to sleep.

Ἔτσι πολὺ ἀτένισα —

Τὴν ἐμορφιὰ ἔτσι πολὺ ἀτένισα,
ποὺ πλήρης εἶναι αὐτῆς ἡ ὅρασίς μου.

Γραμμὲς τοῦ σώματος. Κόκκινα χείλη. Μέλη ἡδονικά.
Μαλλιὰ σὰν ἀπὸ ἀγάλματα ἑλληνικὰ παρμένα·
πάντα ἔμορφα, κι ἀχτένιστα σὰν εἶναι,
καὶ πέφτουν, λίγο, ἐπάνω στ' ἄσπρα μέτωπα.
Πρόσωπα τῆς ἀγάπης, ὅπως τἄθελεν
ἡ ποίησίς μου.... μὲς στὲς νύχτες τῆς νεότητός μου,
μέσα στὲς νύχτες μου, κρυφά, συναντημένα....

So Much Have I Gazed—

So much have I gazed at beauty
that my vision fairly swims in it.

The body's curves; the lips' red blush; the luscious limbs.
Hair seeming as taken whole from Greek statues,
always alluring, even when come undone
and falling softly across an alabaster brow.
Countenances of love, just as my verses
demanded . . . ever throughout the nights of my youth,
coupling, night after night, in clandestine encounters.

Ἰγνατίου Τάφος

Ἐδῶ δὲν εἶμαι ὁ Κλέων ποὺ ἀκούσθηκα
στὴν Ἀλεξάνδρεια (ὅπου δύσκολα ξιπάζονται)
γιὰ τὰ λαμπρά μου σπίτια, γιὰ τοὺς κήπους,
γιὰ τ' ἄλογα καὶ γιὰ τ' ἀμάξια μου,
γιὰ τὰ διαμαντικὰ καὶ τὰ μετάξια ποὺ φοροῦσα.
Ἄπαγε· ἐδῶ δὲν εἶμαι ὁ Κλέων ἐκεῖνος·
τὰ εἰκοσιοκτώ του χρόνια νὰ σβυσθοῦν.
Εἶμ' ὁ Ἰγνάτιος, ἀναγνώστης, ποὺ πολὺ ἀργὰ
συνῆλθα· ἀλλ' ὅμως κ' ἔτσι δέκα μῆνες ἔζησα εὐτυχεῖς
μὲς στὴν γαλήνη καὶ μὲς στὴν ἀσφάλεια τοῦ Χριστοῦ.

The Tomb of Ignatios

Here I am no longer that Kleon much celebrated
in Alexandria (where they boast with some difficulty)
the one known for his splendid houses and gardens,
much admired for his horses and for his chariots,
not to mention the fine jewels and silks he wore.
Not by any means. Here I am no longer that Kleon.
Let's agree to forget those first twenty-eighty years.
Here I am Ignatios, a reader who quite late in life
finally came to my senses; and thereafter I lived
happily, for ten months, at peace and secure in Christ.

Μέρες τοῦ 1903

Δὲν τὰ ηὖρα πιὰ ξανὰ — τὰ τόσο γρήγορα χαμένα ....
τὰ ποιητικὰ τὰ μάτια, τὸ χλωμὸ
τὸ πρόσωπο .... στὸ νύχτωμα τοῦ δρόμου ....

Δὲν τὰ ηὖρα πιὰ — τ' ἀποκτηθέντα κατὰ τύχην ὅλως,
ποὺ ἔτσι εὔκολα παραίτησα·
καὶ ποὺ κατόπι μὲ ἀγωνίαν ἤθελα.
Τὰ ποιητικὰ τὰ μάτια, τὸ χλωμὸ τὸ πρόσωπο,
τὰ χείλη ἐκεῖνα δὲν τὰ ηὖρα πιά.

Days of 1903

I never found them again—all so quickly lost,
the poetic eyes, the pale
countenance . . . there on the darkening street.

I never found them again—so accidentally acquired,
so easily abandoned afterward,
and then longed for so painfully.
The poetic eyes, the pale countenance,
those lips—I never found them again.

1917

Ἡ Προθήκη τοῦ Καπνοπωλείου

Κοντὰ σὲ μιὰ κατάφωτη προθήκη
καπνοπωλείου ἐστέκονταν, ἀνάμεσα σ᾿ ἄλλους πολλούς.
Τυχαίως τὰ βλέμματά των συναντήθηκαν,
καὶ τὴν παράνομην ἐπιθυμία τῆς σαρκός των
ἐξέφρασαν δειλά, διστακτικά.
Ἔπειτα, ὀλίγα βήματα στὸ πεζοδρόμιο ἀνήσυχα —
ὣς ποὺ ἐμειδίασαν, κ᾿ ἔνευσαν ἐλαφρῶς.

Καὶ τότε πιὰ τὸ ἁμάξι τὸ κλεισμένο ....
τὸ αἰσθητικὸ πλησίασμα τῶν σωμάτων·
τὰ ἑνωμένα χέρια, τὰ ἑνωμένα χείλη.

The Tobacconist's Window

They were there among the crowd
standing in the full light of a tobacconist's window.
Their eyes happened to meet, by chance,
and in that moment they shyly and haltingly revealed
to one another the forbidden longings of the flesh.
There followed a few tentative steps along the street,
and after that the smiles, and the gentle nods.

Then, at last, the covered carriage,
the lustful progress of body toward body.
The entwined fingers. The joined mouths.

1918

Καισαρίων

Ἐν μέρει γιὰ νὰ ἐξακριβώσω μιὰ ἐποχή,
ἐν μέρει καὶ τὴν ὥρα νὰ περάσω,
τὴν νύχτα χθὲς πῆρα μιὰ συλλογὴ
ἐπιγραφῶν τῶν Πτολεμαίων νὰ διαβάσω.
Οἱ ἄφθονοι ἔπαινοι κ' ἡ κολακεῖες
εἰς ὅλους μοιάζουν. Ὅλοι εἶναι λαμπροί,
ἔνδοξοι, κραταιοί, ἀγαθοεργοί·
κάθ' ἐπιχείρησίς των σοφοτάτη.
Ἂν πεῖς γιὰ τὲς γυναῖκες τῆς γενιᾶς, κι αὐτές,
ὅλες ἡ Βερενίκες κ' ἡ Κλεοπάτρες θαυμαστές.

Ὅταν κατόρθωσα τὴν ἐποχὴ νὰ ἐξακριβώσω
θἄφινα τὸ βιβλίο ἂν μιὰ μνεία μικρή,
κι ἀσήμαντη, τοῦ βασιλέως Καισαρίωνος
δὲν εἴλκυε τὴν προσοχή μου ἀμέσως.....

Ἄ, νά, ἦρθες σὺ μὲ τὴν ἀόριστη
γοητεία σου. Στὴν ἱστορία λίγες
γραμμὲς μονάχα βρίσκονται γιὰ σένα,
κ' ἔτσι πιὸ ἐλεύθερα σ' ἔπλασα μὲς στὸν νοῦ μου.
Σ' ἔπλασα ὡραῖο κ' αἰσθηματικό.
Ἡ τέχνη μου στὸ πρόσωπό σου δίνει
μιὰν ὀνειρώδη συμπαθητικὴ ἐμορφιά.
Καὶ τόσο πλήρως σὲ φαντάσθηκα,
ποὺ χθὲς τὴν νύχτα ἀργά, σὰν ἔσβυνεν
ἡ λάμπα μου —ἄφισα ἐπίτηδες νὰ σβύνει—
ἐθάρρεψα ποὺ μπῆκες μὲς στὴν κάμαρά μου,
μὲ φάνηκε ποὺ ἐμπρός μου στάθηκες· ὡς θὰ ἤσουν
μὲς στὴν κατακτημένην Ἀλεξάνδρεια,

Caesarion

Partly to gain a sense of an epoch,
partly as a means to pass the time,
I last night sat down to peruse a collection
of epigraphs pertaining to the Ptolemies.
Ample acclaim and adulation for the lot of them:
each and every one of them a force,
ingenious, benevolent, magnificent;
every one of their undertakings the most astute.
As for the women of that clan? All of them,
the Verenikes and the Cleopatras: wonderful.

When I had gained a sense of the epoch
I would have closed the book had not a short,
insignificant mention of King Caesarion
come abruptly to my attention . . .

Now there you are with your ambiguous
attraction. In history, only a few lines
can be found to describe you. And therefore
I took liberties to fashion you in my mind.
I fashioned you a handsome and sensual creature.
Through my art I endowed your face
with a dreamlike and comely beauty.
And so perfectly did I conjure you
that in the depths of the night, as my lamp
sputtered out (I let it do so on purpose),
I began to sense your presence in my room,
and you stood there before me—just as you
must have stood in the subjugated Alexandria:

χλωμὸς καὶ κουρασμένος, ἰδεώδης ἐν τῇ λύπῃ σου,
ἐλπίζοντας ἀκόμη νὰ σὲ σπλαχνισθοῦν
οἱ φαῦλοι —ποὺ ψιθύριζαν τὸ «Πολυκαισαρίη».

pallid, used up, yet ideal in your grief,
clinging to a hope of deliverance from the
odious lot that muttered, "One too many Caesars."

Θυμήσου, Σῶμα...

Σῶμα, θυμήσου ὄχι μόνο τὸ πόσο ἀγαπήθηκες,
ὄχι μονάχα τὰ κρεββάτια ὅπου πλάγιασες,
ἀλλὰ κ' ἐκεῖνες τὲς ἐπιθυμίες ποὺ γιὰ σένα
γυάλιζαν μὲς στὰ μάτια φανερά,
κ' ἐτρέμανε μὲς στὴν φωνὴ — καὶ κάποιο
τυχαῖον ἐμπόδιο τὲς ματαίωσε.
Τώρα ποὺ εἶναι ὅλα πιὰ μέσα στὸ παρελθόν,
μοιάζει σχεδὸν καὶ στὲς ἐπιθυμίες
ἐκεῖνες σὰν νὰ δόθηκες — πῶς γυάλιζαν,
θυμήσου, μὲς στὰ μάτια ποὺ σὲ κύτταζαν·
πῶς ἔτρεμαν μὲς στὴν φωνή, γιὰ σέ, θυμήσου, σῶμα.

Body, Remember

Body, remember not just how much you were loved,
not simply those beds on which you have lain,
but also the desire for you that shone
plainly in the eyes that gazed at you,
and quavered in the voice for you, though
by some chance obstacle was finally forestalled.
Now that everything is finally in the past,
it seems as though you did yield to those desires—
how they shone, remember, in the eyes that gazed at you,
how they quavered in the voice for you—body, remember.

Λάνη Τάφος

Ὁ Λάνης ποὺ ἀγάπησες ἐδῶ δὲν εἶναι, Μάρκε,
στὸν τάφο ποὺ ἔρχεσαι καὶ κλαῖς, καὶ μένεις ὧρες κι ὧρες.
Τὸν Λάνη ποὺ ἀγάπησες τὸν ἔχεις πιὸ κοντά σου
στὸ σπίτι σου ὅταν κλείεσαι καὶ βλέπεις τὴν εἰκόνα,
ποὺ αὐτὴ κάπως διατήρησεν ὅ,τ' εἶχε ποὺ ν' ἀξίζει,
ποὺ αὐτὴ κάπως διατήρησεν ὅ,τ' εἶχες ἀγαπήσει.

Θυμᾶσαι, Μάρκε, ποὺ ἔφερες ἀπὸ τοῦ ἀνθυπάτου
τὸ μέγαρον τὸν Κυρηναῖο περίφημο ζωγράφο,
καὶ μὲ τί καλλιτεχνικὴν ἐκεῖνος πανουργία
μόλις εἶδε τὸν φίλο σου κ' ἤθελε νὰ σᾶς πείσει
ποὺ ὡς Ὑάκινθον ἐξ ἅπαντος ἔπρεπε νὰ τὸν κάμει
(μ' αὐτὸν τὸν τρόπο πιὸ πολὺ θ' ἀκούονταν ἡ εἰκών του).

Μὰ ὁ Λάνης σου δὲν δάνειζε τὴν ἐμορφιά του ἔτσι·
καὶ σταθερὰ ἐναντιωθεὶς εἶπε νὰ παρουσιάσει
ὄχι διόλου τὸν Ὑάκινθον, ὄχι κανέναν ἄλλον,
ἀλλὰ τὸν Λάνη, υἱὸ τοῦ Ραμετίχου, Ἀλεξανδρέα.

The Tomb of Lanes

The Lanes you loved doesn't rest here, Markos, here in this
tomb where you come to shed tears, often for hours on end.
The Lanes you loved you've always had closer at hand:
in your house, when you linger there to gaze at his portrait,
the one that somehow preserves all that's worthy in him,
the one that clearly preserves all that you loved in him.

Do you remember, Markos, when you brought the renowned
Kyrenian artist from the Proconsul's palace? And how,
with such subtle cunning, he tried to persuade you,
the very moment he laid eyes on your friend, that he must
in his portrait render him as Hyacinth (and in so doing
make the painting even more widely celebrated)?

But your Lanes refused to lend his beauty in this way
and, vigorously rejecting the notion, said he wished not
to be depicted as Hyacinth, or as anyone else, for that matter,
but solely as Lanes, son of Rametichos, an Alexandrian.

Νόησις

Τὰ χρόνια τῆς νεότητός μου, ὁ ἡδονικός μου βίος —
πῶς βλέπω τώρα καθαρὰ τὸ νόημά των.

Τί μεταμέλειες περιττές, τί μάταιες ....

Ἀλλὰ δὲν ἔβλεπα τὸ νόημα τότε.

Μέσα στὸν ἔκλυτο τῆς νεότητός μου βίο
μορφώνονταν βουλὲς τῆς ποιήσεώς μου,
σχεδιάζονταν τῆς τέχνης μου ἡ περιοχή.

Γι' αὐτὸ κ' ἡ μεταμέλειες σταθερὲς ποτὲ δὲν ἦσαν.
Κ' ἡ ἀποφάσεις μου νὰ κρατηθῶ, ν' ἀλλάξω
διαρκοῦσαν δυὸ ἑβδομάδες τὸ πολύ.

Significance

The years of my youth, my life of pleasure—
how well I grasp their significance now.

Regrets are so unnecessary and pointless.

But at the time I couldn't grasp their significance.

In the wanton ways of my youth
the course of my poetry was laid out,
the contours of my art were fashioned.

That's why the regrets never took hold,
and any resolve toward restraint or change
lasted never more than a week or two, at best.

Ἡ Διορία τοῦ Νέρωνος

Δὲν ἀνησύχησεν ὁ Νέρων ὅταν ἄκουσε
τοῦ Δελφικοῦ Μαντείου τὸν χρησμό.
«Τὰ ἑβδομῆντα τρία χρόνια νὰ φοβᾶται.»
Εἶχε καιρὸν ἀκόμη νὰ χαρεῖ.
Τριάντα χρονῶ εἶναι. Πολὺ ἀρκετὴ
εἶν' ἡ διορία ποὺ ὁ θεὸς τὸν δίδει
γιὰ νὰ φροντίσει γιὰ τοὺς μέλλοντας κινδύνους.

Τώρα στὴν Ρώμη θὰ ἐπιστρέψει κουρασμένος λίγο,
ἀλλὰ ἐξαίσια κουρασμένος ἀπὸ τὸ ταξεῖδι αὐτό,
ποὺ ἦταν ὅλο μέρες ἀπολαύσεως —
στὰ θέατρα, στοὺς κήπους, στὰ γυμνάσια ...
Τῶν πόλεων τῆς Ἀχαΐας ἑσπέρες ...
Ἆ τῶν γυμνῶν σωμάτων ἡ ἡδονὴ πρὸ πάντων ...

Αὐτὰ ὁ Νέρων. Καὶ στὴν Ἱσπανία ὁ Γάλβας
κρυφὰ τὸ στράτευμά του συναθροίζει καὶ τὸ ἀσκεῖ,
ὁ γέροντας ὁ ἑβδομῆντα τριῶ χρονῶ.

Nero's Tenure

Nero wasn't particularly troubled to
learn of the Delphic oracle's pronouncement:
"Watch out for the age of seventy-three."
There's more than enough time to enjoy himself.
He's just thirty years old. The god grants him
plenty of time to deal with the dangers ahead.

So he'll return to Rome a little weary, yes,
but, thanks to the journey, pleasantly so.
Every day having been a day of pleasure:
in the theaters, the gardens, the gymnasiums . . .
those evenings passed in the Achaian cities.
Ah, the enjoyment of the naked bodies, above all!

So it goes for Nero. While in Spain, the general Galba
clandestinely marshals and trains his troops,
a very old man of seventy-three.

Πρέσβεις ἀπ' τὴν Ἀλεξάνδρεια

Δὲν εἶδαν, ἐπὶ αἰῶνας, τέτοια ὡραῖα δῶρα στοὺς Δελφοὺς
σὰν τοῦτα ποὺ ἐστάλθηκαν ἀπὸ τοὺς δυὸ τοὺς ἀδελφούς,
τοὺς ἀντιζήλους Πτολεμαίους βασιλεῖς. Ἀφοῦ τὰ πῆραν
ὅμως, ἀνησυχῆσαν οἱ ἱερεῖς γιὰ τὸν χρησμό. Τὴν πεῖραν
ὅλην των θὰ χρειασθοῦν τὸ πῶς μὲ ὀξύνοιαν νὰ συνταχθεῖ,
ποιὸς ἀπ' τοὺς δυό, ποιὸς ἀπὸ τέτοιους δυὸ νὰ δυσαρεστηθεῖ.
Καὶ συνεδριάζουνε τὴν νύχτα μυστικὰ
καὶ συζητοῦν τῶν Λαγιδῶν τὰ οἰκογενειακά.

Ἀλλὰ ἰδοὺ οἱ πρέσβεις ἐπανῆλθαν. Χαιρετοῦν.
Στὴν Ἀλεξάνδρεια ἐπιστρέφουν, λέν. Καὶ δὲν ζητοῦν
χρησμὸ κανένα. Κ' οἱ ἱερεῖς τ' ἀκοῦνε μὲ χαρὰ
(ἐννοεῖται, ποὺ κρατοῦν τὰ δῶρα τὰ λαμπρά),
ἀλλ' εἶναι καὶ στὸ ἔπακρον ἀπορημένοι,
μὴ νοιώθοντας τί ἡ ἐξαφνικὴ ἀδιαφορία αὐτὴ σημαίνει.
Γιατὶ ἀγνοοῦν ποὺ χθὲς στοὺς πρέσβεις ἦλθαν νέα βαρυά.
Στὴν Ρώμη δόθηκε ὁ χρησμός· ἔγιν' ἐκεῖ ἡ μοιρασιά.

Envoys from Alexandria

They'd never seen, at Delphi, gifts so truly excellent
as those the brothers Ptolemy, those rival kings, had sent.
But then about the oracle the priests became concerned;
they'd have to use their cleverness and all the tricks they'd learned
to reach a clear decision on which of the pair they could
afford to disappoint, which of the two brothers they should.
So they meet late at night to talk until they've all agreed,
and thoroughly have scrutinized the ways of the Lagids.

But wait: the envoys have returned. They're saying their goodbyes.
They're off for Alexandria. Now this is a surprise:
they seek no more an oracle; the priests are well content
(it's understood they'll keep the lovely gifts the kings have sent).
And yet they're truly mystified, they don't appreciate
the reason for this sudden change. They failed in their debate
to know the news the envoys knew: as far as who prevailed,
the oracular choice of Rome had by now been unveiled.

Ἀριστόβουλος

Κλαίει τὸ παλάτι, κλαίει ὁ βασιλεύς,
ἀπαρηγόρητος θρηνεῖ ὁ βασιλεὺς Ἡρώδης,
ἡ πολιτεία ὁλόκληρη κλαίει γιὰ τὸν Ἀριστόβουλο
ποὺ ἔτσι ἄδικα, τυχαίως πνίχθηκε
παίζοντας μὲ τοὺς φίλους του μὲς στὸ νερό.

Κι ὅταν τὸ μάθουνε καὶ στ' ἄλλα μέρη,
ὅταν ἐπάνω στὴν Συρία διαδοθεῖ,
κι ἀπὸ τοὺς Ἕλληνας πολλοὶ θὰ λυπηθοῦν·
ὅσοι ποιηταὶ καὶ γλύπται θὰ πενθήσουν,
γιατ' εἶχεν ἀκουσθεῖ σ' αὐτοὺς ὁ Ἀριστόβουλος,
καὶ ποιά τους φαντασία γιὰ ἔφηβο ποτὲ
ἔφθασε τέτοιαν ἐμορφιὰ σὰν τοῦ παιδιοῦ αὐτοῦ·
ποιὸ ἄγαλμα θεοῦ ἀξιώθηκεν ἡ Ἀντιόχεια
σὰν τὸ παιδὶ αὐτὸ τοῦ Ἰσραήλ.

Ὀδύρεται καὶ κλαίει ἡ Πρώτη Πριγκηπέσσα·
ἡ μάνα του ἡ πιὸ μεγάλη Ἑβρέσσα.
Ὀδύρεται καὶ κλαίει ἡ Ἀλεξάνδρα γιὰ τὴν συμφορά.—
Μὰ σὰν βρεθεῖ μονάχη της ἀλλάζει ὁ καϋμός της.
Βογγᾶ· φρενιάζει· βρίζει· καταριέται.
Πῶς τὴν ἐγέλασαν! Πῶς τὴν φενάκισαν!
Πῶς ἐπὶ τέλους ἔ γ ι ν ε ὁ σκοπός των!
Τὸ ῥήμαξαν τὸ σπίτι τῶν Ἀσαμωναίων.
Πῶς τὸ κατόρθωσε ὁ κακοῦργος βασιλεύς·
ὁ δόλιος, ὁ φαῦλος, ὁ ἀλιτήριος.
Πῶς τὸ κατόρθωσε. τί καταχθόνιο σχέδιο
ποὺ νὰ μὴ νοιώσει κ' ἡ Μαριάμμη τίποτε.
Ἂν ἔνοιωθε ἡ Μαριάμμη, ἂν ὑποπτεύονταν,

Aristovoulos

The palace wails, as does the king;
King Herod grieves, heartbroken,
as the city itself weeps for Aristovoulos,
drowned, unjustly so, by chance,
while frolicking with friends in the water.

And when word of it reaches other lands,
when the news is known as far as Syria,
even among the Greeks there will be sadness,
and many poets and sculptors will mourn,
for of course they'd heard of Aristovoulos,
this youth whose beauty their imaginations
could never hope to equal in their art;
what god's statue, worthy of Antioch,
could ever measure up to this child of Israel?

The First Princess, his mother, most exalted
among the Jews, weeps and cries out,
Alexandra weeps and cries out over the tragedy.
But once she's alone, her grief takes another form:
she growls; she rants; she spits invective and curse.
How they've cheated her! How they've tricked her!
How well they succeeded in getting what they wanted!
They've thoroughly ruined the house of the Asmoneans.
How that fiendish king so cleverly managed it,
that conniving, scheming, crooked king.
How well he managed it, this devilish plot
for Mariamne to have never had even an inkling.
Had Mariamne caught wind of it, had she even suspected,

θἄβρισκε τρόπο τὸ ἀδέρφι της νὰ σώσει·
βασίλισσα εἶναι τέλος, θὰ μποροῦσε κάτι.
Πῶς θὰ θριαμβεύουν τώρα καὶ θὰ χαίρονται κρυφὰ
ἡ μοχθηρὲς ἐκεῖνες, Κύπρος καὶ Σαλώμη·
ἡ πρόστυχες γυναῖκες Κύπρος καὶ Σαλώμη.—
Καὶ νᾶναι ἀνίσχυρη, κι ἀναγκασμένη
νὰ κάνει ποὺ πιστεύει τὲς ψευτιές των·
νὰ μὴ μπορεῖ πρὸς τὸν λαὸ νὰ πάγει,
νὰ βγεῖ καὶ νὰ φωνάξει στοὺς Ἑβραίους,
νὰ πεῖ, νὰ πεῖ πῶς ἔγινε τὸ φονικό.

she would have found the means to save her brother;
she's a queen, after all; she'd have found the means to act.
How those bitches, Kypros and Salome,
those sluts Kypros and Salome, behind closed doors,
will gleefully wallow in their triumph.
And now that she's been left powerless, she's obliged
to pretend that she accepts their deceits,
stripped as she is of her right to public appeal,
to her right to go out and shout to the Jews,
to tell them, and tell them again, how murder was done.

Εἰς τὸ Ἐπίνειον

Νέος, εἴκοσι ὀκτὼ ἐτῶν, μὲ πλοῖον τήνιον
ἔφθασε εἰς τοῦτο τὸ συριακὸν ἐπίνειον
ὁ Ἔμης, μὲ τὴν πρόθεσι νὰ μάθει μυροπώλης.
Ὅμως ἀρρώστησε εἰς τὸν πλοῦν. Καὶ μόλις
ἀπεβιβάσθη, πέθανε. Ἡ ταφή του, πτωχοτάτη,
ἔγιν' ἐδῶ. Ὀλίγες ὧρες πρίν πεθάνει κάτι
ψιθύρισε γιὰ «οἰκίαν», γιὰ «πολὺ γέροντας γονεῖς».
Μὰ ποιοὶ ἦσαν τοῦτοι δὲν ἐγνώριζε κανείς,
μήτε ποιὰ ἡ πατρίς του μὲς στὸ μέγα πανελλήνιον.
Καλλίτερα. Γιατὶ ἔτσι ἐνῶ
κεῖται νεκρὸς σ' αὐτὸ τὸ ἐπίνειον,
θὰ τὸν ἐλπίζουν πάντα οἱ γονεῖς του ζωντανό.

In the Harbor

As a young man of twenty-eight Emes
arrived in this Syrian harbor on a Tenian ship,
his intention to apprentice himself to the perfume trade.
But he fell ill on the journey, and not long after
he came ashore he died. His burial, the most meager,
was performed here. Just before he died, he murmured
something sounding like "home," and "very old parents."
No one knew who these parents were, or even which
was his homeland in this immense Panhellenic world.
It's better this way. For, as things stand, although
he lies buried in this little harbor,
his parents will carry on, believing him still alive.

Αἰμιλιανὸς Μονάη, Ἀλεξανδρεύς, 628–655 μ.Χ.

Μὲ λόγια, μὲ φυσιογνωμία, καὶ μὲ τρόπους
μιὰ ἐξαίρετη θὰ κάμω πανοπλία·
καὶ θ' ἀντικρύζω ἔτσι τοὺς κακοὺς ἀνθρώπους
χωρὶς νὰ ἔχω φόβον ἢ ἀδυναμία.

Θὰ θέλουν νὰ μὲ βλάψουν. Ἀλλὰ δὲν θὰ ξέρει
κανεὶς ἀπ' ὅσους θὰ μὲ πλησιάζουν
ποῦ κεῖνται ἡ πληγές μου, τὰ τρωτά μου μέρη,
κάτω ἀπὸ τὰ ψεύδη ποὺ θὰ μὲ σκεπάζουν.—

Ρήματα τῆς καυχήσεως τοῦ Αἰμιλιανοῦ Μονάη.
Ἄραγε νἄκαμε ποτὲ τὴν πανοπλία αὐτή;
Ἐν πάσῃ περιπτώσει, δὲν τὴν φόρεσε πολύ.
Εἴκοσι ἑπτὰ χρονῶ, στὴν Σικελία πέθανε.

Aemilianos Monae, Alexandrian, 628—655 CE

With my words, my image, and my manners
I'll make an armored vestment truly sound
that will guard me from all evil schemers,
and every weakness, every fear confound.

They'll try to do me harm, but none of those
approaching me will ever have a clue
where lie my wounds, where they might land their blows,
well-hidden as they are by words untrue.

Thus did Aemilianos Monae gloat.
And did he make the vestment as he said?
Not that he'd ever use that armored coat:
in Sicily, at twenty-seven, he was dead.

Ἀπ' τὲς Ἐννιὰ —

Δώδεκα καὶ μισή. Γρήγορα πέρασεν ἡ ὥρα
ἀπ' τὲς ἐννιὰ ποὺ ἄναψα τὴν λάμπα,
καὶ κάθισα ἐδῶ. Κάθουμουν χωρὶς νὰ διαβάζω,
καὶ χωρὶς νὰ μιλῶ. Μὲ ποιόνα νὰ μιλήσω
κατάμονος μέσα στὸ σπίτι αὐτό.

Τὸ εἴδωλον τοῦ νέου σώματός μου,
ἀπ' τὲς ἐννιὰ ποὺ ἄναψα τὴν λάμπα,
ἦλθε καὶ μὲ ηὗρε καὶ μὲ θύμισε
κλειστὲς κάμαρες ἀρωματισμένες,
καὶ περασμένην ἡδονὴ— τί τολμηρὴ ἡδονή!
Κ' ἐπίσης μ' ἔφερε στὰ μάτια ἐμπρός,
δρόμους ποὺ τώρα ἔγιναν ἀγνώριστοι,
κέντρα γεμάτα κίνησι ποὺ τέλεψαν,
καὶ θέατρα καὶ καφενεῖα ποὺ ἦσαν μιὰ φορά.

Τὸ εἴδωλον τοῦ νέου σώματός μου
ἦλθε καὶ μ' ἔφερε καὶ τὰ λυπητερά·
πένθη τῆς οἰκογένειας, χωρισμοί,
αἰσθήματα δικῶν μου, αἰσθήματα
τῶν πεθαμένων τόσο λίγο ἐκτιμηθέντα.

Δώδεκα καὶ μισή. Πῶς πέρασεν ἡ ὥρα.
Δώδεκα καὶ μισή. Πῶς πέρασαν τὰ χρόνια.

Since Nine—

Half past twelve. Time's sped by
since nine, when I first lit the lamp
and took a seat here. I've sat neither reading
nor talking. Alone with myself in this house.
Who is there with whom I might talk?

Since nine, when I first lit the lamp,
the shade of my youthful being
has sought me out to remind me
of shuttered and scented rooms,
of fleshly pleasures past—such pleasures!
And it has revealed to me, as well,
streets now become unrecognizable,
teeming nightclubs long since shuttered,
theaters and cafés that are no more.

The shade of my youthful being
has shown me the sources of sorrow, as well:
the grief of families, the separations,
sentiments of my own kin, sentiments
of the departed so little esteemed.

Half-past twelve. How the hours have sped by.
Half-past twelve. How the years have sped by.

1918

Κάτω ἀπ' τὸ Σπίτι

Χθὲς περπατῶντας σὲ μιὰ συνοικία
ἀπόκεντρη, πέρασα κάτω ἀπὸ τὸ σπίτι
ποὺ ἔμπαινα σὰν ἤμουν νέος πολύ.
Ἐκεῖ τὸ σῶμα μου εἶχε λάβει ὁ Ἔρως
μὲ τὴν ἐξαίσια του ἰσχύν.

                    Καὶ χθὲς
σὰν πέρασ' ἀπ' τὸν δρόμο τὸν παληό,
ἀμέσως ὡραΐσθηκαν ἀπ' τὴν γοητεία τοῦ ἔρωτος
τὰ μαγαζιά, τὰ πεζοδρόμια, ἡ πέτρες,
καὶ τοῖχοι, καὶ μπαλκόνια, καὶ παράθυρα·
τίποτε ἄσχημο δὲν ἔμεινεν ἐκεῖ.

Καὶ καθὼς στέκομουν, κ' ἐκύτταζα τὴν πόρτα,
καὶ στέκομουν, κ' ἐβράδυνα κάτω ἀπ' τὸ σπίτι,
ἡ ὑπόστασίς μου ὅλη ἀπέδιδε
τὴν φυλαχθεῖσα ἡδονικὴ συγκίνησι.

Outside the House

Yesterday, while wandering in an outer
suburb, I happened to pass by a house
I'd visited when I was quite young.
In that house Eros had possessed me
with all his astonishing force.

And yesterday,
as I strolled again along that old street,
the shops, the sidewalk, and the stones
were suddenly rendered beautiful by love's spell.
The walls, the windows, the balconies, too:
nothing there remained unsightly.

And as I stood, considering again that door,
pausing there, lingering outside the house,
my entire being exuded
the sensual emotions preserved within.

Τὸ Διπλανὸ Τραπέζι

Θᾶναι μόλις εἴκοσι δυὸ ἐτῶν.
Κι ὅμως ἐγὼ εἶμαι βέβαιος πού, σχεδὸν τὰ ἴσα
χρόνια προτήτερα, τὸ ἴδιο σῶμα αὐτὸ τὸ ἀπήλαυσα.

Δὲν εἶναι διόλου ἔξαψις ἐρωτισμοῦ.
Καὶ μοναχὰ πρὸ ὀλίγου μπῆκα στὸ καζίνο·
δὲν εἶχα οὔτε ὥρα γιὰ νὰ πιῶ πολύ.
Τὸ ἴδιο σῶμα ἐγὼ τὸ ἀπήλαυσα.

Κι ἂν δὲν θυμοῦμαι, ποῦ — ἕνα ξέχασμά μου δὲν σημαίνει.

Ἆ τώρα, νά, ποὺ κάθησε στὸ διπλανὸ τραπέζι
γνωρίζω κάθε κίνησι ποὺ κάμνει — κι ἀπ᾽ τὰ ροῦχα κάτω
γυμνὰ τ᾽ ἀγαπημένα μέλη ξαναβλέπω.

The Next Table

He can't be more than twenty-two.
But I could swear that nearly as many
years ago I enjoyed that very same body.

This isn't some sort of erotic fantasy.
I only arrived at the casino a short time ago,
not even long enough to have drunk much.
This very same body I did enjoy.

And if I don't recall where it was? It doesn't matter.

Ah look, now that he's taken a seat at the next table
I recognize his every gesture—and under his clothes
I can see once again his beloved limbs, naked.

1919

Ὁ ἥλιος τοῦ ἀπογεύματος

Τὴν κάμαρην αὐτή, πόσο καλὰ τὴν ξέρω.
Τώρα νοικιάζονται κι αὐτὴ κ' ἡ πλαγινὴ
γιὰ ἐμπορικὰ γραφεῖα. Ὅλο τὸ σπίτι ἔγινε
γραφεῖα μεσιτῶν, κ' ἐμπόρων, κ' Ἑταιρεῖες.

Ἄ ἡ κάμαρη αὐτή, τί γνώριμη ποὺ εἶναι.

Κοντὰ στὴν πόρτα ἐδῶ ἦταν ὁ καναπές,
κ' ἐμπρός του ἕνα τουρκικὸ χαλί·
σιμὰ τὸ ράφι μὲ δυὸ βάζα κίτρινα.
Δεξιά· ὄχι, ἀντικρύ, ἕνα ντολάπι μὲ καθρέπτη.
Στὴ μέση τὸ τραπέζι ὅπου ἔγραφε·
κ' ἡ τρεῖς μεγάλες ψάθινες καρέγλες.
Πλάϊ στὸ παράθυρο ἦταν τὸ κρεββάτι
ποὺ ἀγαπηθήκαμε τόσες φορές.

Θὰ βρίσκονται ἀκόμη τὰ καϋμένα πουθενά.

Πλάϊ στὸ παράθυρο ἦταν τὸ κρεββάτι·
ὁ ἥλιος τοῦ ἀπογεύματος τὤφθανε ὣς τὰ μισά.

...Ἀπόγευμα ἡ ὥρα τέσσερες, εἴχαμε χωρισθεῖ
γιὰ μιὰ ἑβδομάδα μόνο ... Ἀλλοίμονον,
ἡ ἑβδομὰς ἐκείνη ἔγινε παντοτινή.

Afternoon Sun

This room: how very well I know it.
It's been let out now, and the one next door to it,
as offices. The whole house has become the domain
of estate agents, and merchants, and businessmen.

This room: how very familiar it is.

Over here, near the door, sat the sofa,
a Turkish rug unfurled before it;
close by, a ledge with two yellow vases;
to the right—no, facing it—a mirrored wardrobe.
At center a table, at which he used to write,
and three large wicker chairs.
Below the window was the bed
upon which we made love so many times.

Those sad old things must still be somewhere about.

Below the window was the bed.
The afternoon sun would reach midway up its length.

One afternoon, four o'clock it was, we parted,
for what would only be a week. Ah, well,
that week has lasted forever.

Νὰ μείνει

Ἡ ὥρα μιὰ τὴν νύχτα θᾶτανε,
ἢ μιάμισυ.

        Σὲ μιὰ γωνιά τοῦ καπηλειοῦ·
πίσω ἀπ' τὸ ξύλινο τὸ χώρισμα.
Ἐκτὸς ἡμῶν τῶν δυὸ τὸ μαγαζὶ ὅλως διόλου ἄδειο.
Μιὰ λάμπα πετρελαίου μόλις τὸ φώτιζε.
Κοιμούντανε, στὴν πόρτα, ὁ ἀγρυπνισμένος ὑπηρέτης.

Δὲν θὰ μᾶς ἔβλεπε κανείς. Μὰ κιόλας
εἴχαμεν ἐξαφθεῖ τόσο πολύ,
ποὺ γίναμε ἀκατάλληλοι γιὰ προφυλάξεις.

Τὰ ἐνδύματα μισοανοίχθηκαν — πολλὰ δὲν ἦσαν
γιατὶ ἐπύρωνε θεῖος Ἰούλιος μῆνας.

Σάρκας ἀπόλαυσις ἀνάμεσα
στὰ μισοανοιγμένα ἐνδύματα·
γρήγορο σάρκας γύμνωμα — ποὺ τὸ ἴνδαλμά του
εἴκοσι ἔξη χρόνους διάβηκε· καὶ τώρα ἦλθε
νὰ μείνει μὲς στὴν ποίησιν αὐτή.

Has Come to Rest

It must have been one o'clock at night,
perhaps half past one.

                    In a corner of the taverna,
behind the wooden partition,
save for the two of us the place was altogether deserted.
A kerosene lamp gave scarcely any light at all.
The waiter, exhausted, nodded off in the doorway.

No one could actually see us. But we'd
already provoked ourselves so thoroughly
that we were incapable of restraint.

Our clothing half-opened—not much to begin with,
that month of July being so divinely sultry.

The delight of flesh by means
of half-opened clothing;
a glimpse of bared flesh—an image enduring
twenty-six years; and which now has come
to rest here in these verses.

Τῶν Ἑβραίων (50 μ.Χ.)

Ζωγράφος καὶ ποιητής, δρομεὺς καὶ δισκοβόλος,
σὰν Ἐνδυμίων ἔμορφος, ὁ Ἰάνθης Ἀντωνίου.
Ἀπὸ οἰκογένειαν φίλην τῆς Συναγωγῆς.

«Ἡ τιμιότερές μου μέρες εἶν' ἐκεῖνες
ποὺ τὴν αἰσθητικὴ ἀναζήτησιν ἀφίνω,
ποὺ ἐγκαταλείπω τὸν ὡραῖο καὶ σκληρὸν ἑλληνισμό,
μὲ τὴν κυρίαρχη προσήλωσι
σὲ τέλεια καμωμένα καὶ φθαρτὰ ἄσπρα μέλη.
Καὶ γένομαι αὐτὸς ποὺ θὰ ἤθελα
πάντα νὰ μένω· τῶν Ἑβραίων, τῶν ἱερῶν Ἑβραίων, ὁ υἱός.»

Ἔνθερμη λίαν ἡ δήλωσίς του. «Πάντα
νὰ μένω τῶν Ἑβραίων, τῶν ἱερῶν Ἑβραίων —»

Ὅμως δὲν ἔμενε τοιοῦτος διόλου.
Ὁ Ἡδονισμὸς κ' ἡ Τέχνη τῆς Ἀλεξανδρείας
ἀφοσιωμένο τους παιδὶ τὸν εἶχαν.

Of the Jews (50 CE)

Painter and poet, runner and discus-thrower,
Ianthes, son of Antonios, as handsome as Endymion.
From a family close to the Synagogue.

"My most cherished days are those
when I abandon the pursuit of sensual pleasure,
put behind me Hellenism's hard beauty
and its consuming obsession with those
white, ephemeral, perfectly formed limbs,
and become the man I would always wish to be:
a son of the Jews, of the holy Jews."

Quite passionate, this statement of his: "I would always
wish to be a son of the Jews, of the holy Jews."

But he didn't, in the end, remain anything of the sort.
The lure of hedonism and the art of Alexandria
took care that he remained their devoted son.

Ἴμενος

«... Ν' ἀγαπηθεῖ ἀκόμη περισσότερον
ἡ ἡδονὴ ποὺ νοσηρῶς καὶ μὲ φθορὰ ἀποκτᾶται·
σπάνια τὸ σῶμα βρίσκοντας ποὺ αἰσθάνεται ὅπως θέλει αὐτὴ —
ποὺ νοσηρῶς καὶ μὲ φθορά, παρέχει
μιὰν ἔντασιν ἐρωτική, ποὺ δὲν γνωρίζει ἡ υγεία ...»

Ἀπόσπασμα ἀπὸ μιὰν ἐπιστολὴ
τοῦ νέου Ἰμένου (ἐκ πατρικίων) διαβοήτου
ἐν Συρακούσαις ἐπὶ ἀσωτίᾳ,
στοὺς ἄσωτους καιροὺς τοῦ τρίτου Μιχαήλ.

Imenos

".. . pleasure that is acquired by perverse and otherwise
unhealthy means deserves to be esteemed all the more;
rarely finding a body that delivers as the pleasure demands—
perverse and unhealthy, serving up a wanton
intensity thoroughly foreign to the way of health . . ."

Excerpt from a letter by young Imenos
(from a family of privilege), infamous
in Syracusae for the depths of his debauchery,
in the dissolute era of Michael the Third.

Τοῦ πλοίου

Τὸν μοιάζει βέβαια ἡ μικρὴ αὐτή,
μὲ τὸ μολύβι ἀπεικόνισίς του.

Γρήγορα καμωμένη, στὸ κατάστρωμα τοῦ πλοίου·
ἕνα μαγευτικὸ ἀπόγευμα.
Τὸ Ἰόνιον πέλαγος ὁλόγυρά μας.

Τὸν μοιάζει. Ὅμως τὸν θυμοῦμαι σὰν πιὸ ἔμορφο.
Μέχρι παθήσεως ἦταν αἰσθητικός,
κι αὐτὸ ἐφώτιζε τὴν ἔκφρασί του.
Πιὸ ἔμορφος μὲ φανερώνεται
τώρα ποὺ ἡ ψυχή μου τὸν ἀνακαλεῖ, ἀπ' τὸν Καιρό.

Ἀπ' τὸν Καιρό. Εἶν' ὅλ' αὐτὰ τὰ πράγματα πολὺ παληὰ —
τὸ σκίτσο, καὶ τὸ πλοῖο, καὶ τὸ ἀπόγευμα.

On the Ship

It resembles him, of course,
this modest penciled drawing.

Quickly sketched on the deck of the ship,
on an enchanted afternoon,
the Ionian sea all about us.

It resembles him, but I remember him as more attractive.
He was voluptuous to an almost painful degree,
and this animated his expression.
Now that my soul conjures him out of time
he certainly appears to be more attractive.

Out of time. All these things are really quite old—
the drawing, and the ship, and the afternoon.

Δημητρίου Σωτῆρος (162-150 π.Χ.)

Κάθε του προσδοκία βγῆκε λανθασμένη!

Φαντάζονταν ἔργα νὰ κάμει ξακουστά,
νὰ παύσει τὴν ταπείνωσι ποὺ ἀπ' τὸν καιρὸ τῆς μάχης
τῆς Μαγνησίας τὴν πατρίδα του πιέζει.
Νὰ γίνει πάλι κράτος δυνατὸ ἡ Συρία,
μὲ τοὺς στρατούς της, μὲ τοὺς στόλους της,
μὲ τὰ μεγάλα κάστρα, μὲ τὰ πλούτη.

Ὑπέφερε, πικραίνονταν στὴν Ρώμη
σὰν ἔνοιωθε στὲς ὁμιλίες τῶν φίλων του,
τῆς νεολαίας τῶν μεγάλων οἴκων,
μὲς σ' ὅλην τὴν λεπτότητα καὶ τὴν εὐγένεια
ποὺ ἔδειχναν σ' αὐτόν, τοῦ βασιλέως
Σελεύκου Φιλοπάτορος τὸν υἱὸ—
σὰν ἔνοιωθε ποὺ ὅμως πάντα ὑπῆρχε μιὰ κρυφὴ
ὀλιγωρία γιὰ τὲς δυναστεῖες τὲς ἑλληνίζουσες·
ποὺ ξέπεσαν, ποὺ γιὰ τὰ σοβαρὰ ἔργα δὲν εἶναι,
γιὰ τῶν λαῶν τὴν ἀρχηγία πολὺ ἀκατάλληλες.
Τραβιοῦνταν μόνος του, κι ἀγανακτοῦσε, κι ὄμνυε
ποὺ ὅπως τὰ θαρροῦν διόλου δὲν θᾶναι·
ἰδοὺ ποὺ ἔχει θέλησιν αὐτός·
θ' ἀγωνισθεῖ, θὰ κάμει, θ' ἀνυψώσει.

Ἀρκεῖ νὰ βρεῖ ἕναν τρόπο στὴν Ἀνατολὴ νὰ φθάσει,
νὰ κατορθώσει νὰ ξεφύγει ἀπὸ τὴν Ἰταλία—
κι ὅλην αὐτὴν τὴν δύναμι ποὺ ἔχει
μὲς στὴν ψυχή του, ὅλην τὴν ὁρμὴν
αὐτὴ θὰ μεταδώσει στὸν λαό.

Of Demetrios Soter (162—150 BCE)

Everything he hoped for has come to nothing!

He'd imagined himself the author of great acts
bringing to an end the humiliation to which his country
had been subjected ever since the battle of Magnesia.
Securing again for Syria its status as a powerful nation,
restoring to her the armies, and her fleets,
and the grand fortifications and the wealth.

In Rome he suffered, and became resentful
when he recognized in the words of his friends—
young men from prominent families,
who had always afforded him sympathy
and deference, he being the son of
King Selefkos Philopator—
when he recognized that there was always an unspoken
indifference when it came to the Hellenized dynasties,
those whose day had passed, those that no longer worked,
those that were wholly unsuited to the demands of governance.
He became reclusive, became resentful, and swore an oath
that matters would not always remain as the others assumed.
Look, wasn't he himself brimming over with a sense of purpose?
He would do battle, accomplish something, rally the spirit.

If only he could find a way back to the East,
to find the means to escape from Italy,
then all this passion he harbors
in his heart, all this intensity
he would impart to his people.

Ἄ στὴν Συρία μονάχα νὰ βρεθεῖ!
Ἔτσι μικρὸς ἀπ' τὴν πατρίδα ἔφυγε
ποὺ ἀμυδρῶς θυμοῦνταν τὴν μορφή της.
Μὰ μὲς στὴν σκέψι του τὴν μελετοῦσε πάντα
σὰν κάτι ἱερὸ ποὺ προσκυνῶντας τὸ πλησιάζεις,
σὰν ὀπτασία τόπου ὡραίου, σὰν ὅραμα
ἑλληνικῶν πόλεων καὶ λιμένων.—

Καὶ τώρα;
        Τώρα ἀπελπισία καὶ καϋμός.
Εἴχανε δίκιο τὰ παιδιὰ στὴν Ρώμη.
Δὲν εἶναι δυνατὸν νὰ βασταχθοῦν ἡ δυναστεῖες
ποὺ ἔβγαλε ἡ Κατάκτησις τῶν Μακεδόνων.

Ἀδιάφορον: ἐπάσχισεν αὐτός,
ὅσο μποροῦσεν ἀγωνίσθηκε.
Καὶ μὲς στὴν μαύρη ἀπογοήτευσί του,
ἕνα μονάχα λογαριάζει πιὰ
μὲ ὑπερηφάνειαν· πού, κι ἐν τῇ ἀποτυχίᾳ του,
τὴν ἴδιαν ἀκατάβλητην ἀνδρεία στὸν κόσμο δείχνει.

Τ' ἄλλα— ἦσαν ὄνειρα καὶ ματαιοπονίες.
Αὐτὴ ἡ Συρία— σχεδὸν δὲν μοιάζει σὰν πατρίς του,
αὐτὴ εἶν' ἡ χώρα τοῦ Ἡρακλείδη καὶ τοῦ Βάλα.

If only he could find himself again in Syria!
He was so young when he left his country
that he can now barely imagine it.
But he's always held it foremost in his mind
as a sacred thing, something to approach with veneration,
the epitomization of an ideal place, a manifestation
of Greek cities and Greek harbors.

And now?
              Now anguish and sorrow.
Those young Roman friends were right:
it's no longer possible for such dynasties to persevere,
those dynasties the Macedonian conquests made possible.

Nevertheless. He gave it his best effort.
He fought the noble fight.
And now, in his dark despair,
he reflects on one thing alone,
but pridefully: that even having failed,
he's shown the world the same stubborn courage.

All else—all else was fancy and vanity.
This Syria: it barely resembles his country;
this Syria is the land of Herakleides and Valas.

1920

1920

Εἴγε ἐτελεύτα

«Ποῦ ἀπεσύρθηκε, ποῦ ἐχάθηκε ὁ Σοφός;
Ἔπειτ' ἀπὸ τὰ θαύματά του τὰ πολλά,
τὴν φήμη τῆς διδασκαλίας του
ποὺ διεδόθηκεν εἰς τόσα ἔθνη
ἐκρύφθηκ' αἴφνης καὶ δὲν ἔμαθε κανεὶς
μὲ θετικότητα τί ἔγινε
(οὐδὲ κανεὶς ποτὲ εἶδε τάφον του).
Ἔβγαλαν μερικοὶ πὼς πέθανε στὴν Ἔφεσο.
Δὲν τὸγραψεν ὁ Δάμις ὅμως· τίποτε
γιὰ θάνατο τοῦ Ἀπολλωνίου δὲν ἔγραψεν ὁ Δάμις.
Ἄλλοι εἴπανε πὼς ἔγινε ἄφαντος στὴν Λίνδο.
Ἢ μήπως εἶν' ἐκείν' ἡ ἱστορία
ἀληθινή, ποὺ ἀνελήφθηκε στὴν Κρήτη,
στὸ ἀρχαῖο τῆς Δικτύννης ἱερόν.—
Ἀλλ' ὅμως ἔχουμε τὴν θαυμασία,
τὴν ὑπερφυσικὴν ἐμφάνισί του
εἰς ἕναν νέον σπουδαστὴ στὰ Τύανα.—
Ἴσως δὲν ἦλθεν ὁ καιρὸς γιὰ νὰ ἐπιστρέψει,
γιὰ νὰ φανερωθεῖ στὸν κόσμο πάλι·
ἢ μεταμορφωμένος, ἴσως, μεταξύ μας
γυρίζει ἀγνώριστος.— Μὰ θὰ ξαναφανερωθεῖ
ὡς ἦτανε, διδάσκοντας τὰ ὀρθά· καὶ τότε βέβαια
θὰ ἐπαναφέρει τὴν λατρεία τῶν θεῶν μας,
καὶ τὲς καλαίσθητες ἑλληνικές μας τελετές.»

Ἔτσι ἐρέμβαζε στὴν πενιχρή του κατοικία—
μετὰ μιὰ ἀνάγνωσι τοῦ Φιλοστράτου
«Τὰ ἐς τὸν Τυανέα Ἀπολλώνιον»—
ἕνας ἀπὸ τοὺς λίγους ἐθνικούς,

If Indeed Dead

"To what place has the sage vanished, where's he gone?
After all those many miracles,
not to mention the renown of his teaching
that's spread so far to so many nations,
he's suddenly gone into hiding, and no one knows
with any certainty what's become of him
(nor, for that matter, has anyone seen his grave).
Some speculate that he died in Ephesos.
But Damis mentions nothing of the sort. Damis
hasn't written a single word about the death of Apollonios.
Others declare that he vanished at Lindos.
But then again perhaps that other story is true,
the one about his ascension, in Crete,
at the ancient shrine of Diktynna.
(In any event, we do have his miraculous,
his rather mystical appearance
before a young student at Tyana.)
It could be that the time isn't right yet for his return,
for him to make himself known to the world once more—
or, now transfigured, perhaps, he wanders among us,
incognito. —But no doubt he will once again appear,
as he was, to teach the proper truths; at which time,
naturally, he'll bring back the worship of our gods,
and restore our lovely Hellenic ceremonies."

That's what he pondered, this pagan, one of the few,
one of the very few who yet remained,
as he sat in his mean little house, having just read
On Apollonios of Tyana by Philostratos. But even he—

243

τοὺς πολὺ λίγους ποὺ εἶχαν μείνει. Ἄλλωστε —ἀσήμαντος
ἄνθρωπος καὶ δειλὸς— στὸ φανερὸν
ἔκανε τὸν Χριστιανὸ κι αὐτὸς κι ἐκκλησιάζονταν.

Ἦταν ἡ ἐποχὴ καθ' ἣν βασίλευεν,
ἐν ἄκρᾳ εὐλαβείᾳ, ὁ γέρων Ἰουστῖνος,
κ' ἡ Ἀλεξάνδρεια, πόλις θεοσεβής,
ἀθλίους εἰδωλολάτρας ἀποστρέφονταν.

this superficial, cowardly man—even he
publicly played at being Christian and going to church.
This was in the age of Justin the Elder,
who reigned in utter godliness,
a time when Alexandria, a godly city,
despised all wretched idolaters.

Νέοι τῆς Σιδῶνος (400 μ.Χ.)

Ὁ ἠθοποιὸς ποὺ ἔφεραν γιὰ νὰ τοὺς διασκεδάσει
ἀπήγγειλε καὶ μερικὰ ἐπιγράμματα ἐκλεκτά.

Ἡ αἴθουσα ἄνοιγε στὸν κῆπο ἐπάνω·
κ' εἶχε μιὰν ἐλαφρὰ εὐωδία ἀνθέων
ποὺ ἑνώνονταν μὲ τὰ μυρωδικὰ
τῶν πέντε ἀρωματισμένων Σιδωνίων νέων.

Διαβάσθηκαν Μελέαγρος, καὶ Κριναγόρας, καὶ Ριανός.
Μὰ σὰν ἀπήγγειλεν ὁ ἠθοποιός,
«Αἰσχύλον Εὐφορίωνος Ἀθηναῖον τόδε κεύθει -»
(τονίζοντας ἴσως ὑπὲρ τὸ δέον
τὸ «ἀλκὴν δ' εὐδόκιμον», τὸ «Μαραθώνιον ἄλσος»),
πετάχθηκεν εὐθὺς ἕνα παιδὶ ζωηρό,
φανατικὸ γιὰ γράμματα, καὶ φώναξε·

«Ἄ δὲν μ' ἀρέσει τὸ τετράστιχον αὐτό.
Ἐκφράσεις τοιούτου εἴδους μοιάζουν κάπως σὰν λειποψυχίες.
Δόσε — κηρύττω — στὸ ἔργον σου ὅλην τὴν δύναμί σου,
ὅλην τὴν μέριμνα, καὶ πάλι τὸ ἔργον σου θυμήσου
μὲς στὴν δοκιμασίαν, ἢ ὅταν ἡ ὥρα σου πιὰ γέρνει.
Ἔτσι ἀπὸ σένα περιμένω κι ἀπαιτῶ.
Κι ὄχι ἀπ' τὸν νοῦ σου ὁλότελα νὰ βγάλεις
τῆς Τραγωδίας τὸν Λόγο τὸν λαμπρὸ —
τί Ἀγαμέμνονα, τί Προμηθέα θαυμαστό,
τί Ὀρέστου, τί Κασσάνδρας παρουσίες,
τί Ἑπτὰ ἐπὶ Θήβας— καὶ γιὰ μνήμη σου νὰ βάλεις
μ ό ν ο ποὺ μὲς στῶν στρατιωτῶν τὲς τάξεις, τὸν σωρὸ
πολέμησες καὶ σὺ τὸν Δᾶτι καὶ τὸν Ἀρταφέρνη.»

Young Men of Sidon (400 CE)

The actor they'd hired for their entertainment
chose to recite a few select epigrams, as well.

The room opened out onto the garden
and a delicate fragrance of flowers
mingled agreeably with the scents
of the five perfumed Sidonian youths.

There were readings of Meleagros, Krinagoras, and Rianos.
But when the actor began to recite the words
"Here lies the Athenian Aischylos, son of Euphorion,"
(and stressing, perhaps more than was required,
"his renowned valor" and "the sacred Marathon grove,")
a vivacious young man, quite taken with literature,
leapt to his feet, and shouted:

"I don't at all like this particular quatrain.
Such phrases strike me as a little too cowardly.
I urge you to invest all your energy in your work,
all your attention—and again, remember your work
in times of trouble or when your hour draws near.
This is what I expect from you, it's what I demand.
And not to dismiss outright from your thoughts
the brilliant essence of the Tragedies,
Agamemnon, the remarkable *Prometheus*,
the presentations of Orestes and Kassandra,
The Seven Against Thebes. Instead, as a reminder,
mention that in the soldiers' ranks, as one of the herd,
you, too, fought against Datis and Artaphernes."

Γιὰ νἄρθουν —

Ἕνα κερὶ ἀρκεῖ.　　　Τὸ φῶς του τὸ ἀμυδρὸ
ἁρμόζει πιὸ καλά,　　　θἆναι πιὸ συμπαθὲς
σὰν ἔρθουν τῆς Ἀγάπης,　　σὰν ἔρθουν ἡ Σκιές.

Ἕνα κερὶ ἀρκεῖ.　　　Ἡ κάμαρη ἀπόψι
νὰ μὴ ἔχει φῶς πολύ.　　Μέσα στὴν ρέμβην ὅλως
καὶ τὴν ὑποβολή,　　　καὶ μὲ τὸ λίγο φῶς —
μέσα στὴν ρέμβην ἔτσι　　θὰ ὁραματισθῶ
γιὰ νἄρθουν τῆς Ἀγάπης,　　γιὰ νἄρθουν ἡ Σκιές.

For Them to be Summoned—

One candle is enough.   Its gentle light
is more fitting,   it will be more seemly
when the Shadows come,   the Shadows of love.

One candle is enough.   Tonight the room
must not have too much light.   In deep reverie
and evocation,   and in that subtle light,
here in the grip of deep reverie,   I will conjure visions
so that the Shadows may come,   the Shadows of love.

Ὁ Δαρεῖος

Ὁ ποιητὴς Φερνάζης τὸ σπουδαῖον μέρος
τοῦ ἐπικοῦ ποιήματός του κάμνει.
Τὸ πῶς τὴν βασιλεία τῶν Περσῶν
παρέλαβε ὁ Δαρεῖος Ὑστάσπου. (Ἀπὸ αὐτὸν
κατάγεται ὁ ἔνδοξός μας βασιλεύς,
ὁ Μιθριδάτης, Διόνυσος κ' Εὐπάτωρ). Ἀλλ' ἐδῶ
χρειάζεται φιλοσοφία· πρέπει ν' ἀναλύσει
τὰ αἰσθήματα ποὺ θὰ εἶχεν ὁ Δαρεῖος:
ἴσως ὑπεροψίαν καὶ μέθην· ὄχι ὅμως — μᾶλλον
σὰν κατανόησι τῆς ματαιότητος τῶν μεγαλείων.
Βαθέως σκέπτεται τὸ πρᾶγμα ὁ ποιητής.

Ἀλλὰ τὸν διακόπτει ὁ ὑπηρέτης του ποὺ μπαίνει
τρέχοντας, καὶ τὴν βαρυσήμαντην εἴδησι ἀγγέλλει.
Ἄρχισε ὁ πόλεμος μὲ τοὺς Ρωμαίους.
Τὸ πλεῖστον τοῦ στρατοῦ μας πέρασε τὰ σύνορα.

Ὁ ποιητὴς μένει ἐνεός. Τί συμφορά!
Ποῦ τώρα ὁ ἔνδοξός μας βασιλεύς,
ὁ Μιθριδάτης, Διόνυσος κ' Εὐπάτωρ,
μ' ἑλληνικὰ ποιήματα ν' ἀσχοληθεῖ.
Μέσα σὲ πόλεμο — φαντάσου, ἑλληνικὰ ποιήματα.

Ἀδημονεῖ ὁ Φερνάζης. Ἀτυχία!
Ἐκεῖ ποὺ τὸ εἶχε θετικὸ μὲ τὸν «Δαρεῖο»
ν' ἀναδειχθεῖ, καὶ τοὺς ἐπικριτάς του,
τοὺς φθονερούς, τελειωτικὰ ν' ἀποστομώσει.
Τί ἀναβολή, τί ἀναβολὴ στὰ σχέδιά του.

Dareios

Phernazes the poet is at work on
the critical part of his epic poem:
relating how Dareios, son of Hystaspes,
seized the throne of the Persian kingdom.
(It is from him that our glorious king,
Mithridates Dionysos Eupator, descends.)
But what's called for here is some deep thinking;
Phernazes must determine just what must have
moved Dareios: was it arrogance, possibly, and
intoxication, too? No—more than likely
an understanding of the vanities of grandeur.
The poet reflects deeply on these matters.

But he's interrupted by a servant, who comes
at a run to deliver the horrible news:
war with the Romans has broken out;
the greater part of our army has crossed the borders.

The poet is astounded. What a calamity!
How can our glorious king, Mithridates
Dionysos Eupator, now afford the time
to contemplate Greek poems? In wartime—
can you even imagine it?—Greek poems!

Phernazes is beside himself. What a disaster!
Just when he was most confident that, with his "Dareios,"
he would have achieved the reputation to close,
once and for all, the mouths of his envious critics.
What an obstacle to his project, what an obstacle.

Καὶ νᾶταν μόνο ἀναβολή, πάλι καλά.
Ἀλλὰ νὰ δοῦμε ἂν ἔχουμε κι ἀσφάλεια
στὴν Ἀμισό. Δὲν εἶναι πολιτεία ἐκτάκτως ὀχυρή.
Εἶναι φρικτότατοι ἐχθροὶ οἱ Ρωμαῖοι.
Μποροῦμε νὰ τὰ βγάλουμε μ' αὐτούς,
οἱ Καππαδόκες; Γένεται ποτέ;
Εἶναι νὰ μετρηθοῦμε τώρα μὲ τὲς λεγεῶνες;
Θεοὶ μεγάλοι, τῆς Ἀσίας προστάται, βοηθῆστε μας.—

Ὅμως μὲς σ' ὅλη του τὴν ταραχὴ καὶ τὸ κακό,
ἐπίμονα κ' ἡ ποιητικὴ ἰδέα πάει κι ἔρχεται —
τὸ πιθανότερο εἶναι, βέβαια, ὑπεροψίαν καὶ μέθην·
ὑπεροψίαν καὶ μέθην θὰ εἶχεν ὁ Δαρεῖος.

And as if obstacles weren't bad enough:
just how safe are we right here in Amisos?
The city's not all that well fortified, after all,
and as enemies there are none worse than the Romans.
Are we, the Cappadocians, really any match for them?
Is it even possible to consider such a thing? Can we
ever hope to stand our ground against their legions?
Mighty gods, protectors of Asia, help us.—

And yet, amid all the anguish and all the confusion
the poetic idea ebbs and flows, insistently:
it was arrogance, yes, and it was intoxication.
It can be said that in all likelihood it was arrogance
and intoxication that must have moved Dareios.

Ἄννα Κομνηνὴ

Στὸν πρόλογο τῆς Ἀλεξιάδος τῆς θρηνεῖ,
γιὰ τὴν χηρεία της ἡ Ἄννα Κομνηνή.

Εἰς ἴλιγγον εἶν' ἡ ψυχή της. «Καὶ
ῥείθροις δακρύων», μᾶς λέγει, «περιτέγγω
τοὺς ὀφθαλμούς..... Φεῦ τῶν κυμάτων» τῆς ζωῆς της,
«φεῦ τῶν ἐπαναστάσεων». Τὴν καίει ἡ ὀδύνη
«μέχρις ὀστέων καὶ μυελῶν καὶ μερισμοῦ ψυχῆς».

Ὅμως ἡ ἀλήθεια μοιάζει ποὺ μιὰ λύπη μόνην
καιρίαν ἐγνώρισεν ἡ φίλαρχη γυναῖκα·
ἕναν καϋμὸ βαθὺ μονάχα εἶχε
(κι ἂς μὴν τ' ὁμολογεῖ) ἡ ἀγέρωχη αὐτὴ Γραικιά,
ποὺ δὲν κατάφερε, μ' ὅλην τὴν δεξιότητά της,
τὴν Βασιλείαν ν' ἀποκτήσει· μὰ τὴν πῆρε
σχεδὸν μέσ' ἀπ' τὰ χέρια της ὁ προπετὴς Ἰωάννης.

Anna Komnene

In the prologue to her *Alexiad*
Anna Komnene laments her widowhood.

Her spirit swoons. "And I bathe
my eyes," she tells us, "in torrents
of tears . . . sorrow for the turmoil" of her life,
"sorrow for the revolutions." Pain sears her
"to the bone, to the marrow, as it cleaves the soul."

And yet it may well be that the only consuming
sorrow this power-mad woman knew, the
only truly profound regret this arrogant
Greek woman had (though she'd never acknowledge it)
was that, despite all her scheming, she was never able
to secure the throne—that which was virtually
snatched out of her hands by the impudent Ioannes.

1921

Βυζαντινὸς Ἄρχων, ἐξόριστος, στιχουργῶν

Οἱ ἐλαφροὶ ἄς μὲ λέγουν ἐλαφρόν.
Στὰ σοβαρὰ πράγματα ἤμουν πάντοτε
ἐπιμελέστατος. Καὶ θὰ ἐπιμείνω,
ὅτι κανεὶς καλλίτερά μου δὲν γνωρίζει
Πατέρας ἢ Γραφάς, ἢ τοὺς Κανόνας τῶν Συνόδων.
Εἰς κάθε ἀμφιβολίαν του ὁ Βοτανειάτης,
εἰς κάθε δυσκολίαν στὰ ἐκκλησιαστικά,
ἐμένα συμβουλεύονταν, ἐμένα πρῶτον.
Ἀλλὰ ἐξόριστος ἐδῶ (νὰ ὄψεται ἡ κακεντρεχὴς
Εἰρήνη Δούκαινα), καὶ δεινῶς ἀνιῶν,
οὐδόλως ἄτοπον εἶναι νὰ διασκεδάζω
ἐξάστιχα κι ὀκτάστιχα ποιῶν—
νὰ διασκεδάζω μὲ μυθολογήματα
Ἑρμοῦ, καὶ Ἀπόλλωνος, καὶ Διονύσου,
ἢ ἡρώων τῆς Θεσσαλίας καὶ τῆς Πελοποννήσου·
καὶ νὰ συνθέτω ἰάμβους ὀρθοτάτους,
ὅπως —θὰ μ' ἐπιτρέψετε νὰ πῶ— οἱ λόγιοι
τῆς Κωνσταντινουπόλεως δὲν ξέρουν νὰ συνθέσουν.
Αὐτὴ ἡ ὀρθότης, πιθανόν, εἶν' ἡ αἰτία τῆς μομφῆς.

A Byzantine Nobleman, Exiled, Composing Verses

Let the frivolous call me frivolous.
In matters of import I have always been
most meticulous. And I must emphasize
that no one has greater knowledge than me
of the Fathers of the Church, of the Scriptures
and the Canons of the Holy Synods.
Whenever Votaneiates was stymied by church matters
I was the one he consulted, I was the first he asked.
But as I'm an exile here (and may the odious Eirene
Doukaina be cursed for it) and terribly bored,
it's not at all unreasonable that I should amuse myself
writing six- and eight-line verses,
that I should amuse myself by versifying about
Apollo and Dionysos and Hermes,
or the heroes of Thessaly and the Peloponnese,
and by composing such utterly scrupulous iambs
in a manner—if I may be so bold—that no
man of letters in Constantinople has the wherewithal
to compose. Come to think of it, it may well be
this reality that provokes their contempt.

Ἡ ἀρχή των

Ἡ ἐκπλήρωσις τῆς ἔκνομής των ἡδονῆς
ἔγινεν. Ἀπ' τὸ στρῶμα σηκωθῆκαν,
καὶ βιαστικὰ ντύνονται χωρὶς νὰ μιλοῦν.
Βγαίνουνε χωριστά, κρυφὰ ἀπ' τὸ σπίτι· καὶ καθὼς
βαδίζουνε κάπως ἀνήσυχα στὸν δρόμο, μοιάζει
σὰν νὰ ὑποψιάζονται ποὺ κάτι ἐπάνω των προδίδει
σὲ τί εἴδους κλίνην ἔπεσαν πρὸ ὀλίγου.

Πλὴν τοῦ τεχνίτου πῶς ἐκέρδισε ἡ ζωή.
Αὔριο, μεθαύριο, ἢ μετὰ χρόνια θὰ γραφοῦν
οἱ στίχ' οἱ δυνατοὶ ποὺ ἐδῶ ἦταν ἡ ἀρχή των.

Their Beginnings

Their illicit wanton lust has been satisfied.
Rising from the bed, they dress quickly, not speaking.
They leave the house furtively: first one, then the other;
as they stroll a bit uneasily down the street, it's as though
they imagine that some aspect of themselves betrays
the sort of bed they lay upon just minutes ago.

And yet how the artist has profited from all this:
tomorrow, or the day after, or years from now, he'll write
the crucial verses that had their beginnings here.

Εὔνοια τοῦ Ἀλεξάνδρου Βάλα

Ἄ δὲν συγχίζομαι ποὺ ἔσπασε μιὰ ρόδα
τοῦ ἁμαξιοῦ, καὶ ποὺ ἔχασα μιὰ ἀστεία νίκη.
Μὲ τὰ καλὰ κρασιά, καὶ μὲς στὰ ὡραῖα ρόδα
τὴν νύχτα θὰ περάσω. Ἡ Ἀντιόχεια μὲ ἀνήκει.
Εἶμαι ὁ νέος ὁ πιὸ δοξαστός.
Τοῦ Βάλα εἶμ᾿ ἐγὼ ἡ ἀδυναμία, ὁ λατρευτός.
Αὔριο, νὰ δεῖς, θὰ ποῦν πὼς ὁ ἀγὼν δὲν ἔγινε σωστός.
(Μὰ ἂν ἤμουν ἀκαλαίσθητος, κι ἂν μυστικὰ τὸ εἶχα προστάξει —
θἄβγαζαν πρῶτο, οἱ κόλακες, καὶ τὸ κουτσό μου ἁμάξι).

The Favor of Alexandros Valas

Now, I'm not all that bothered about the shattered
chariot wheel, or that I lost that ridiculous race.
I'll still pass the night drinking superb wines,
surrounding myself with beautiful roses. Antioch
is all mine. I am easily the most celebrated
young man in these parts. I am Valas' weakness,
his adored one. And tomorrow, mark my words,
they'll want to proclaim that it was an unfair race.
(But if I were a more vulgar sort, and had I secretly
demanded such a thing, the flatterers would have
given first place, even to my ruined chariot.)

Μελαγχολία τοῦ Ἰάσωνος Κλεάνδρου· ποιητοῦ ἐν Κομμαγηνῇ· 595 μ.Χ.

Τὸ γήρασμα τοῦ σώματος καὶ τῆς μορφῆς μου
εἶναι πληγὴ ἀπὸ φρικτὸ μαχαῖρι.
Δὲν ἔχω ἐγκαρτέρησι καμιά.
Εἰς σὲ προστρέχω Τέχνη τῆς Ποιήσεως,
ποὺ κάπως ξέρεις ἀπὸ φάρμακα·
νάρκης τοῦ ἄλγους δοκιμές, ἐν Φαντασίᾳ καὶ Λόγῳ.

Εἶναι πληγὴ ἀπὸ φρικτὸ μαχαῖρι.—
Τὰ φάρμακά σου φέρε Τέχνη τῆς Ποιήσεως,
ποὺ κάμνουνε —γιὰ λίγο— νὰ μὴ νοιώθεται ἡ πληγή.

Melancholy of Iason Kleandros, Poet from Kommagine, 595 CE

The growing old of my body and my face
is like a wound from a terrible knife.
I can summon no strength whatsoever.
In you I seek sanctuary, Art of Poetry,
skilled as you are in remedies,
and the means to soothe the pain,
in the Word as well as in the Imagination.

It's like a wound from a terrible knife.
Deliver up your remedies, Art of Poetry;
they'll dull the pain, at least for a time.

Ὁ Δημάρατος

Τὸ θέμα, ὁ Χαρακτὴρ τοῦ Δημαράτου,
ποὺ τὸν ἐπρότεινε ὁ Πορφύριος, ἐν συνομιλίᾳ,
ἔτσι τὸ ἐξέφρασεν ὁ νέος σοφιστὴς
(σκοπεύοντας, μετά, ρητορικῶς νὰ τὸ ἀναπτύξει).

«Πρῶτα τοῦ βασιλέως Δαρείου, κ' ἔπειτα
τοῦ βασιλέως Ξέρξη ὁ αὐλικός·
καὶ τώρα μὲ τὸν Ξέρξη καὶ τὸ στράτευμά του,
νά ἐπὶ τέλους θὰ δικαιωθεῖ ὁ Δημάρατος.

«Μεγάλη ἀδικία τὸν ἔγινε.
Ἦ τ α ν τοῦ Ἀρίστωνος ὁ υἱός. Ἀναίσχυντα
ἐδωροδόκησαν οἱ ἐχθροί του τὸ μαντεῖον.

Καὶ δὲν τοὺς ἔφθασε ποὺ τὸν ἐστέρησαν τὴν βασιλεία,
ἀλλ' ὅταν πιὰ ὑπέκυψε, καὶ τὸ ἀπεφάσισε
νὰ ζήσει μ' ἐγκαρτέρησιν ὡς ἰδιώτης,
ἔπρεπ' ἐμπρὸς καὶ στὸν λαὸ νὰ τὸν προσβάλουν,
ἔπρεπε δημοσίᾳ νὰ τὸν ταπεινώσουν στὴν γιορτή.

«Ὅθεν τὸν Ξέρξη μὲ πολὺν ζῆλον ὑπηρετεῖ.
Μὲ τὸν μεγάλο Περσικὸ στρατό,
κι αὐτὸς στὴν Σπάρτη θὰ ξαναγυρίσει·
καὶ βασιλεὺς σὰν πρίν, πῶς θὰ τὸν διώξει
ἀμέσως, πῶς θὰ τὸν ἐξευτελίσει
ἐκεῖνον τὸν ραδιοῦργον Λεωτυχίδη.

«Κ' ἡ μέρες του περνοῦν γεμάτες μέριμνα·
νὰ δίδει συμβουλὲς στοὺς Πέρσας, νὰ τοὺς ἐξηγεῖ
τὸ πῶς νὰ κάμουν γιὰ νὰ κατακτήσουν τὴν Ἑλλάδα.

Demaratos

His subject, "The Character of Demaratos,"
suggested to him, in conversation, by Porphyrios,
was sketched out as follows by the young sophist
(who would ultimately develop it rhetorically):

"First as a courtier to King Dareios,
thereafter a courtier to King Xerxes,
and now with Xerxes and his army,
at long last Demaratos will be vindicated.

"Grave injustices were visited upon him.
Though he was the son of Ariston, his enemies
nevertheless quite shamelessly bribed the oracle.
It wasn't enough that they'd deprived him of the throne;
when he had finally capitulated, and was thereafter
resigned to live out his life as a private citizen,
they still felt the need to insult him before the people,
they still felt the need to humiliate him at the festival.

"As a result he serves Xerxes enthusiastically.
In the company of the splendid Persian army
he, too, will make his way back to Sparta;
and when he is once again king, how quickly
he'll dispose of him, how thoroughly he'll
disgrace that scheming liar Leotychides.

"So now he passes his days consumed by anxiety;
he consults with the Persians, offering them advice
on the best strategies for conquering Greece.

«Πολλὲς φροντίδες, πολλὴ σκέψις καὶ γιὰ τοῦτο
εἶν' ἔτσι ἀνιαρὲς τοῦ Δημαράτου ἡ μέρες·
πολλὲς φροντίδες, πολλὴ σκέψις καὶ γιὰ τοῦτο
καμιὰ στιγμὴ χαρᾶς δὲν ἔχει ὁ Δημάρατος·
γιατὶ χαρὰ δὲν εἶν' αὐτὸ ποὺ αἰσθάνεται
(δὲν εἶναι· δὲν τὸ παραδέχεται·
πῶς νὰ τὸ πεῖ χαρά; ἐκορυφώθ' ἡ δυστυχία του)
ὅταν τὰ πράγματα τὸν δείχνουν φανερὰ
ποὺ οἱ Ἕλληνες θὰ βγοῦνε νικηταί.»

"Many worries, many thoughts, and for this reason
Demaratos' days are abundantly tedious;
many worries, many thoughts, and for this reason
Demaratos hasn't had a single moment of joy;
because what he's feeling is certainly not joy
(it isn't; he refuses to allow it; how could
he possibly call it joy? his misery knows no end)
now that events reveal to him so plainly
that to the Greeks will go the victory."

Ἐκόμισα εἰς τὴν Τέχνη

Κάθομαι καὶ ρεμβάζω.   Ἐπιθυμίες κ' αἰσθήσεις
ἐκόμισα εἰς τὴν Τέχνην—   κάτι μισοειδωμένα,
πρόσωπα ἢ γραμμές·   ἐρώτων ἀτελῶν
κάτι ἀβέβαιες μνῆμες.   Ἄς ἀφεθῶ σ' αὐτήν.

Ξέρει νὰ σχηματίσει   Μορφὴν τῆς Καλλονῆς·
σχεδὸν ἀνεπαισθήτως   τὸν βίον συμπληροῦσα,
συνδυάζουσα ἐντυπώσεις,   συνδυάζουσα τὲς μέρες.

I've Brought to Art

I sit here, yielding to reverie.   I've brought to Art
desires and notions: certain things half-seen—
countenances or figures;   certain vague recollections
of loves unfinished.   Allow me to lean on Art;
Art knows how to fashion   an Image of Beauty,
doing so subtly,   completing life
by blending impressions,   mingling together the days.

Ἀπὸ τὴν σχολὴν τοῦ περιωνύμου φιλοσόφου

Ἔμεινε μαθητὴς τοῦ Ἀμμωνίου Σακκᾶ δυὸ χρόνια·
ἀλλὰ βαρέθηκε καὶ τὴν φιλοσοφία καὶ τὸν Σακκᾶ.

Κατόπι μπῆκε στὰ πολιτικά.
Μὰ τὰ παραίτησεν. Ἦταν ὁ Ἔπαρχος μωρός·
κ' οἱ πέριξ του ξόανα ἐπίσημα καὶ σοβαροφανῆ·
τρισβάρβαρα τὰ ἑλληνικά των, οἱ ἄθλιοι.

Τὴν περιέργειάν του εἵλκυσε
κομμάτ' ἡ Ἐκκλησία· νὰ βαπτισθεῖ
καὶ νὰ περάσει Χριστιανός. Μὰ γρήγορα
τὴν γνώμη του ἄλλαξε. Θὰ κάκιωνε ἀσφαλῶς
μὲ τοὺς γονεῖς του, ἐπιδεικτικὰ ἐθνικούς·
καὶ θὰ τοῦ ἔπαυαν —πρᾶγμα φρικτὸν—
εὐθὺς τὰ λίαν γενναῖα δοσίματα.

Ἔπρεπεν ὅμως καὶ νὰ κάμει κάτι. Ἔγινε ὁ θαμὼν
τῶν διεφθαρμένων οἴκων τῆς Ἀλεξανδρείας,
κάθε κρυφοῦ καταγωγίου κραιπάλης.

Ἡ τύχη τοῦ ἐφάν' εἰς τοῦτο εὐμενής·
τὸν ἔδοσε μορφὴν εἰς ἄκρον εὐειδῆ.
Καὶ χαίρονταν τὴν θείαν δωρεάν.

Τουλάχιστον γιὰ δέκα χρόνια ἀκόμη
ἡ καλλονή του θὰ διαρκοῦσεν. Ἔπειτα —
ἴσως ἐκ νέου στὸν Σακκᾶ νὰ πήγαινε.
Κι ἂν ἐν τῷ μεταξὺ ἀπέθνησκεν ὁ γέρος,

From the School of a Renowned Philosopher

For two years he was a student of Ammonios Sakkas;
but he grew disenchanted with both philosophy and Sakkas.

Thereafter he took up a life in politics;
but he abandoned that, too. The Prefect was a perfect idiot,
surrounded by too-serious, overbearing flunkies,
their Greek—the sorry fools—absolutely barbaric.

And then the Church caught his eye:
he resolved to be baptized so as to
pass himself off as a Christian. But he soon again
changed his mind; it would have caused a commotion
with his parents, those flamboyant pagans;
and in a heartbeat they'd have cut off—horrors!—
their exceptionally liberal allowance.

Well, he really had to do something. He began to haunt
the more decadent of Alexandria's establishments,
every clandestine den of debauchery.

In this his fortune proved more providential;
He was graced with exceeding attractiveness,
and he made the most of this divine gift.

His good looks would persist
for another ten years. And after that?
Perhaps he'd return to Sakkas.
And if, in the interim, the old man passed away,

πήγαινε σ' ἄλλου φιλοσόφου ἢ σοφιστοῦ·
πάντοτε βρίσκεται κατάλληλος κανείς.

Ἢ τέλος, δυνατὸν καὶ στὰ πολιτικὰ
νὰ ἐπέστρεφεν —ἀξιεπαίνως ἐνθυμούμενος
τὲς οἰκογενειακές του παραδόσεις,
τὸ χρέος πρὸς τὴν πατρίδα, κι ἄλλα ἠχηρὰ παρόμοια.

he'd find another sophist or philosopher to engage;
there's always someone suitable to be found.

Then again, in the end, he might even return
to politics, admirably remembering
the traditions of his family,
duty to country, and similar well-worn pomposities.

Τεχνουργὸς κρατήρων

Εἰς τὸν κρατῆρα αὐτὸν   ἀπὸ ἁγνὸν ἀσῆμι —
ποὺ γιὰ τοῦ Ἡρακλείδη   ἔγινε τὴν οἰκία,
ἔνθα καλαισθησία   πολλὴ ἐπικρατεῖ —
ἰδοὺ ἄνθη κομψά,   καὶ ῥύακες, καὶ θύμοι,
κ' ἔθεσα ἐν τῷ μέσῳ   ἕναν ὡραῖον νέον,
γυμνόν, ἐρωτικόν·   μὲς στὸ νερὸ τὴν κνήμη
τὴν μιά του ἔχει ἀκόμη.—   Ἱκέτευσα, ὦ μνήμη,
νὰ σ' εὔρω βοηθὸν   ἀρίστην, γιὰ νὰ κάμω
τοῦ νέου ποὺ ἀγαποῦσα   τὸ πρόσωπον ὡς ἦταν.
Μεγάλη ἡ δυσκολία   ἀπέβη ἐπειδὴ
ὡς δέκα πέντε χρόνια   πέρασαν ἀπ' τὴν μέρα
ποὺ ἔπεσε, στρατιώτης,   στῆς Μαγνησίας τὴν ἧτταν.

Craftsman of Wine *Krateres*

On this wine krater fashioned from purest silver—
custom-made for the house of Herakleides,
where taste of the highest order reigns supreme—
regard the delicate flowers, the streams, the thyme,
within which I've set a lovely young man,
sensual and naked, a leg yet dangling in the water.
O memory, I implored, guide well my efforts
as I render this young face I loved as it once was.
The undertaking, as it turned out, was difficult, in that
nearly fifteen years had passed since the day
he died, a soldier fallen in the defeat at Magnesia.

1922

Ὑπὲρ τῆς Ἀχαϊκῆς Συμπολιτείας πολεμήσαντες

Ἀνδρεῖοι σεῖς ποὺ πολεμήσατε καὶ πέσατ' εὐκλεῶς·
τοὺς πανταχοῦ νικήσαντας μὴ φοβηθέντες.
Ἄμωμοι σεῖς, ἂν ἔπταισαν ὁ Δίαιος κι ὁ Κριτόλαος.
Ὅταν θὰ θέλουν οἱ Ἕλληνες νὰ καυχηθοῦν,
«Τέτοιους βγάζει τὸ ἔθνος μας» θὰ λένε
γιὰ σᾶς. Ἔτσι θαυμάσιος θἆναι ὁ ἔπαινός σας.—

Ἐγράφη ἐν Ἀλεξανδρείᾳ ὑπὸ Ἀχαιοῦ·
ἕβδομον ἔτος Πτολεμαίου, Λαθύρου.

For Those Who Fought For The Achaian League

Brave are you who fought and fell so valiantly,
unafraid of those who in every battle were victorious.
If Diaios and Kritolaos blundered, it was no fault of yours.
Whenever the Greeks are of a mind to boast
they will say, "It's men like these our nation breeds."
That's how splendid their praise will be for you.

Written in Alexandria by an Achaian
in the seventh year of Ptolemy Lathyros' reign.

Πρὸς τὸν Ἀντίοχον Ἐπιφανῆ

Ὁ νέος Ἀντιοχεὺς   εἶπε στὸν βασιλέα,
«Μὲς τὴν καρδιά μου πάλλει   μιὰ προσφιλὴς ἐλπίς·
οἱ Μακεδόνες πάλι,   Ἀντίοχε Ἐπιφανῆ,
οἱ Μακεδόνες εἶναι   μὲς στὴν μεγάλη πάλη.
Ἂς ἦ τ α ν νὰ νικήσουν —   καὶ σ' ὅποιον θέλει δίδω
τὸν λέοντα καὶ τοὺς ἵππους,   τὸν Πᾶνα ἀπὸ κοράλλι,
καὶ τὸ κομψὸ παλάτι,   καὶ τοὺς ἐν Τύρῳ κήπους,
κι ὅσ' ἄλλα μ' ἔχεις δώσει,   Ἀντίοχε Ἐπιφανῆ.»

Ἴσως νὰ συγκινήθη   κομμάτι ὁ βασιλεύς.
Μὰ πάραυτα θυμήθη   πατέρα κι ἀδελφόν,
καὶ μήτε ἀπεκρίθη.   Μποροῦσε ὠτακουστὴς
νὰ ἐπαναλάβει κάτι.—   Ἄλλωστε, ὡς φυσικόν,
ταχέως ἐπῆλθε εἰς Πύδναν   ἡ ἀπαισία λῆξις.

To Antiochos Epiphanes

The young man of Antioch   said to the king,
"I hold in my heart   a precious hope:
the Macedonians,   Antiochos Epiphanes,
are once again   joined in the great struggle.
If only they might triumph,   I will give, to anyone
who wishes them,   the lion and the horses,
the coral Pan   and the elegant palace,
the gardens in Tyre,   everything, in fact,
you have given me,   Antiochos Epiphanes."

Perhaps the king   was in some way moved by this;
but then he remembered   his father and his brother,
and made no reply.   Someone overhearing them
might repeat what they said.   In any event, predictably,
the dreadful defeat at Pydna   came quite suddenly.

Σ' ἕνα βιβλίο παληὸ —

Σ' ἕνα βιβλίο παληὸ — περίπου ἑκατὸ ἐτῶν —
ἀνάμεσα στὰ φύλλα του λησμονημένη,
ηὗρα μιὰν ὑδατογραφία ἄνευ ὑπογραφῆς.
Θᾶταν τὸ ἔργον καλλιτέχνου λίαν δυνατοῦ.
Ἔφερ' ὡς τίτλον, «Παρουσίασις τοῦ Ἔρωτος».

Πλὴν μᾶλλον ἥρμοζε, «—τοῦ ἔρωτος τῶν ἄκρως αἰσθητῶν».

Γιατὶ ἦταν φανερὸ σὰν ἔβλεπες τὸ ἔργον
(εὔκολα νοιώθονταν ἡ ἰδέα τοῦ καλλιτέχνου)
ποὺ γιὰ ὅσους ἀγαποῦνε κάπως ὑγιεινά,
μὲς στ' ὁπωσδήποτε ἐπιτετραμμένον μένοντες,
δὲν ἦταν προωρισμένος ὁ ἔφηβος
τῆς ζωγραφιᾶς — μὲ καστανά, βαθύχροα μάτια·
μὲ τοῦ προσώπου του τὴν ἐκλεκτὴ ἐμορφιά,
τὴν ἐμορφιὰ τῶν ἀνωμάλων ἕλξεων·
καὶ τὰ ἰδεώδη χείλη του ποὺ φέρνουνε
τὴν ἡδονὴ εἰς ἀγαπημένο σῶμα·
μὲ τὰ ἰδεώδη μέλη του πλασμένα γιὰ κρεββάτια
ποὺ ἀναίσχυντα τ' ἀποκαλεῖ ἡ τρεχάμενη ἠθική.

In an Old Book—

Lost between the pages of an old book—
a hundred years old, more or less—
I found a watercolor without attribution.
It must have been the work of a very great artist.
It was entitled: "A Representation of Eros."

"Of Eros in Extremis" would have been more to the point.

For it was quite obvious, when you considered the work
(easy to understand what the artist was thinking),
the young man captured in the painting was never
meant for those who love in healthier ways,
those who remain within the boundaries of propriety—
with his deep, dark brown eyes and the exquisite beauty
of his face, a beauty that appealed to the perverse,
with those flawless lips that deliver up
shameless gratification to the body that's loved,
with his perfect limbs created especially for the bed,
that everyday morality calls unseemly.

1923

Ἐν ἀπογνώσει

Τὸν ἔχασ᾽ ἐντελῶς.   Καὶ τώρα πιὰ ζητεῖ
στὰ χείλη καθενὸς   καινούριου ἐραστῆ
τὰ χείλη τὰ δικά του·   στὴν ἔνωσι μὲ κάθε
καινούριον ἐραστὴ   ζητεῖ νὰ πλανηθεῖ
πὼς εἶναι ὁ ἴδιος νέος,   πὼς δίδεται σ᾽ ἐκεῖνον.

Τὸν ἔχασ᾽ ἐντελῶς,   σὰν νὰ μὴ ὑπῆρχε κάν.
Γιατὶ ἤθελε —εἶπ᾽ ἐκεῖνος—   ἤθελε νὰ σωθεῖ
ἀπ᾽ τὴν στιγματισμένη,   τὴν νοσηρὰ ἡδονή·
ἀπ᾽ τὴν στιγματισμένη,   τοῦ αἴσχους ἡδονή.
Ἦταν καιρὸς ἀκόμη—   ὡς εἶπε— νὰ σωθεῖ.

Τὸν ἔχασ᾽ ἐντελῶς,   σὰν νὰ μὴ ὑπῆρχε κάν.
Ἀπὸ τὴν φαντασίαν,   ἀπὸ τὲς παραισθήσεις
στὰ χείλη ἄλλων νέων   τὰ χείλη του ζητεῖ·
γυρεύει νὰ αἰσθανθεῖ   ξανὰ τὸν ἔρωτά του.

In Despair

He's lost him completely.   And now he seeks
those lips again   in the lips of each new lover;
in each new lover's arms   he tries to deceive himself
that the one to whom he yields   is ever the one he lost.

He's lost him completely,   as though he never existed.
For he had wanted   —or so he said—he had wanted
to be free of the stigma   of sick sensual pleasure,
from the stigma   of the sensual pleasure of shame.
There was still time   —or so he said—to be free of it.

He's lost him completely,   as though he never existed.
In his fantasies,   in his delusions, he still seeks
in the lips of others   the lips of the one he's lost,
still seeks to regain   that kind of love once more.

Ὁ Ἰουλιανός, ὁρῶν ὀλιγωρίαν

«Ὁρῶν οὖν πολλὴν μὲν ὀλιγωρίαν οὖσαν
ἡμῖν πρὸς τοὺς θεοὺς»— λέγει μὲ ὕφος σοβαρόν.
Ὀλιγωρίαν. Μὰ τί περίμενε λοιπόν;
Ὅσο ἤθελεν ἂς ἔκαμνεν ὀργάνωσι θρησκευτική,
ὅσο ἤθελεν ἂς ἔγραφε στὸν ἀρχιερέα Γαλατίας,
ἢ εἰς ἄλλους τοιούτους, παροτρύνων κι ὁδηγῶν.
Οἱ φίλοι του δὲν ἦσαν Χριστιανοί·
αὐτὸ ἦταν θετικόν. Μὰ δὲν μποροῦσαν κιόλας
νὰ παίζουν σὰν κι αὐτόνα (τὸν Χριστιανομαθημένο)
μὲ σύστημα καινούριας ἐκκλησίας,
ἀστεῖον καὶ στὴν σύλληψι καὶ στὴν ἐφαρμογή.
Ἕλληνες ἦσαν ἐπὶ τέλους. Μηδὲν ἄγαν, Αὔγουστε.

Julian Seeing Indifference

"Considering, therefore, that there is so much indifference
toward the gods on our part"—he voices this in his solemn way.
Indifference. Well, whatever did he expect?
He could organize religion to his heart's content,
write to the High Priest of Galatia as much as he cared to,
or to others of his ilk, urging them on and leading them.
His friends weren't Christians, that much is clear.
Nevertheless, they didn't share his facility
(raised as he was in the Christian ways)
for performing in a new religious system,
a system absurd in both theory and execution.
They were, after all, Greeks. Nothing in excess, Augustus.

1923

Ἐπιτύμβιον Ἀντιόχου, βασιλέως Κομμαγηνῆς

Μετὰ ποὺ ἐπέστρεψε, περίλυπη, ἀπ' τὴν κηδεία του,
ἡ ἀδελφὴ τοῦ ἐγκρατῶς καὶ πράως ζήσαντος,
τοῦ λίαν ἐγγραμμάτου Ἀντιόχου, βασιλέως
Κομμαγηνῆς, ἤθελ' ἕνα ἐπιτύμβιον γι' αὐτόν.
Κι ὁ Ἐφέσιος σοφιστὴς Καλλίστρατος — ὁ κατοικῶν
συχνὰ ἐν τῷ κρατιδίῳ τῆς Κομμαγηνῆς,
κι ἀπὸ τὸν οἶκον τὸν βασιλικὸν
ἀσμένως κ' ἐπανειλημμένως φιλοξενηθεὶς—
τὸ ἔγραψε, τῇ ὑποδείξει Σύρων αὐλικῶν,
καὶ τὸ ἔστειλε εἰς τὴν γραῖαν δέσποιναν.

«Τοῦ Ἀντιόχου τοῦ εὐεργέτου βασιλέως
νὰ ὑμνηθεῖ ἐπαξίως, ὦ Κομμαγηνοί, τὸ κλέος.
Ἦταν τῆς χώρας κυβερνήτης προνοητικός.
Ὑπῆρξε δίκαιος, σοφός, γενναῖος.
Ὑπῆρξεν ἔτι τὸ ἄριστον ἐκεῖνο, Ἑλληνικὸς—
ἰδιότητα δὲν ἔχ' ἡ ἀνθρωπότης τιμιοτέραν·
εἰς τοὺς θεοὺς εὑρίσκονται τὰ πέραν.»

Epitaph of Antiochos, King of Kommagine

Upon her return from the funeral of the reserved and peaceful
Antiochos, King of Kommagine (he the distinguished scholar),
his sister, despondent, desired an epitaph for him.
So the sophist Kallistratos of Ephesos—he who
often stayed in the small state of Kommagine,
and was a regular and welcome guest at the royal house—
wrote it, following the suggestions of the Syrian courtiers,
and sent it along to the venerable old woman.

"O people of Kommagine, celebrate well
the glory of the judicious King
Antiochos who, in his wisdom and bravery,
was a righteous ruler of the realm. Above
all else, and most splendidly of all, he was Hellenic;
mankind has no finer quality than this to offer;
everything beyond it belongs to the gods."

Θέατρον τῆς Σιδῶνος (400 μ.Χ.)

Πολίτου ἐντίμου υἱὸς — πρὸ πάντων, εὐειδὴς
ἔφηβος τοῦ θεάτρου, ποικίλως ἀρεστός,
ἐνίοτε συνθέτω ἐν γλώσσῃ ἑλληνικῇ
λίαν εὐτόλμους στίχους, ποὺ τοὺς κυκλοφορῶ
πολὺ κρυφά, ἐννοεῖται — θεοί! νὰ μὴν τοὺς δοῦν
οἱ τὰ φαιὰ φοροῦντες, περὶ ἠθικῆς λαλοῦντες —
στίχους τῆς ἡδονῆς τῆς ἐκλεκτῆς, ποὺ πιαίνει
πρὸς ἄγονην ἀγάπη κι ἀποδοκιμασμένη.

Theater of Sidon (400 CE)

Son of a respected citizen,   above all a handsome
young man of the theater,   agreeable in many ways,
once in a while I compose   provocative verses
in Greek, which I then circulate,   secretly, of course.
Gods forbid   that those mumblers dressed in gray,
droning on about moral decay,   would ever stumble across them,
these verses   about a certain special pleasure, the kind
that leads to a barren   and thoroughly abhorrent love.

1924

Ὁ Ἰουλιανὸς ἐν Νικομηδείᾳ

Ἄστοχα πράγματα καὶ κινδυνώδη.
Οἱ ἔπαινοι γιὰ τῶν Ἑλλήνων τὰ ἰδεώδη.
Ἡ θεουργίες κ' ἡ ἐπισκέψεις στοὺς ναοὺς
τῶν ἐθνικῶν. Οἱ ἐνθουσιασμοὶ γιὰ τοὺς ἀρχαίους θεούς.

Μὲ τὸν Χρυσάνθιον ἡ συχνὲς συνομιλίες.
Τοῦ φιλοσόφου — τοῦ ἄλλωστε δεινοῦ — Μαξίμου ἡ θεωρίες.
Καὶ νά τὸ ἀποτέλεσμα. Ὁ Γάλλος δείχνει ἀνησυχία
μεγάλην. Ὁ Κωνστάντιος ἔχει κάποιαν ὑποψία.

Ἆ οἱ συμβουλεύσαντες δὲν ἦσαν διόλου συνετοί.
Παρέγινε — λέγει ὁ Μαρδόνιος — ἡ ἱστορία αὐτή,

καὶ πρέπει ἐξ ἄπαντος νὰ παύσει ὁ θόρυβός της.—
Ὁ Ἰουλιανὸς πηγαίνει πάλιν ἀναγνώστης

στὴν ἐκκλησία τῆς Νικομηδείας,
ὅπου μεγαλοφώνως καὶ μετ' εὐλαβείας

πολλῆς τὲς ἱερὲς Γραφὲς διαβάζει,
καὶ τὴν χριστιανική του εὐσέβεια ὁ λαὸς θαυμάζει.

Julian in Nikomedia

This is a senseless and a dangerous thing.
How devotedly to Greek ideals they cling.

Miracles and pilgrimages to the pagan shrine,
this fascination with all things ancient and divine.

To Chrysanthios, the frequent queries.
From Maximos, incisive theories.

As a result Gallos has begun to doubt,
and Konstantios casts a wary eye about.

The advice to Julian was far too extreme.
Too much, Mardonios says, this latest scheme,

the furor must be ended whatever the price.
So Julian adjourns to the church in a trice

at Nikomedia, where he once again expounds,
in a booming voice and with reverent sounds

as from the Holy Scriptures he begins to read,
appearing to the Christians a pious Christian indeed.

Πρὶν τοὺς ἀλλάξει ὁ Χρόνος

Λυπήθηκαν μεγάλως   στὸν ἀποχωρισμό των.
Δὲν τὄθελαν αὐτοί·   ἦταν ἡ περιστάσεις.
Βιοτικὲς ἀνάγκες   ἐκάμνανε τὸν ἕνα
νὰ φύγει μακρυὰ —   Νέα Ὑόρκη ἢ Καναδᾶ.
Ἡ ἀγάπη των βεβαίως   δὲν ἦταν ἴδια ὡς πρίν·
εἶχεν ἐλαττωθεῖ   ἡ ἕλξις βαθμηδόν,
εἶχεν ἐλαττωθεῖ   ἡ ἕλξις της πολύ.
Ὅμως νὰ χωρισθοῦν,   δὲν τὄθελαν αὐτοί.
Ἦταν ἡ περιστάσεις.—   Ἢ μήπως καλλιτέχνις
ἐφάνηκεν ἡ Τύχη   χωρίζοντάς τους τώρα
πρὶν σβύσει τὸ αἴσθημά των,   πρὶν τοὺς ἀλλάξει ὁ Χρόνος·
ὁ ἕνας γιὰ τὸν ἄλλον   θὰ εἶναι ὡς νὰ μένει πάντα
τῶν εἴκοσι τεσσάρων   ἐτῶν τ' ὡραῖο παιδί.

Before Time Changed Them

They were both deeply   saddened at their parting.
It wasn't their doing,   but rather the circumstances.
The need to earn a living   required one of them
to travel far away—   to New York or Canada.
Their love wasn't, certainly,   the same as it had once been;
the attraction between them   had slowly diminished,
the attraction between them   had diminished quite a bit.
And yet, parting like this   wasn't what they wanted.
It was the circumstances,   or perhaps it was Fate
become an artist,   that required them to part before
time had changed them,   before their feelings failed;
so that now one for the other   will always remain as though
he were still a handsome young man   of twenty-four.

Ἦλθε γιὰ νὰ διαβάσει —

Ἦλθε γιὰ νὰ διαβάσει. Εἶν' ἀνοιχτὰ
δυό, τρία βιβλία· ἱστορικοὶ καὶ ποιηταί.
Μὰ μόλις διάβασε δέκα λεπτά,
καὶ τὰ παραίτησε. Στὸν καναπὲ
μισοκοιμᾶται. Ἀνήκει πλήρως στὰ βιβλία —
ἀλλ' εἶναι εἴκοσι τριῶ ἐτῶν, κ' εἶν' ἔμορφος πολύ·
καὶ σήμερα τὸ ἀπόγευμα πέρασ' ὁ ἔρως
στὴν ἰδεώδη σάρκα του, στὰ χείλη.
Στὴ σάρκα του ποὺ εἶναι ὅλο καλλονὴ
ἡ θέρμη πέρασεν ἡ ἐρωτική·
χωρὶς ἀστείαν αἰδῶ γιὰ τὴν μορφὴ τῆς ἀπολαύσεως.....

He Came to Read—

He came to read. Before him lay open
two or three volumes: by historians, and poets.
He'd read for barely ten minutes, however,
before he gave up. Now he's half-asleep
on the sofa. He's entirely dedicated to books—
but he is, after all, twenty-three, and very handsome;
and this afternoon Eros brushed across
his lips, and against his ideal flesh. A sensual fervor
inflamed his flesh (flesh that is wholly a
work of beauty) without any absurd
embarrassment for the form his pleasure has taken.

Τὸ 31 π.Χ. στὴν Ἀλεξάνδρεια

Ἀπ' τὴν μικρή του, στὰ περίχωρα πλησίον, κώμη,
καὶ σκονισμένος ἀπὸ τὸ ταξεῖδι ἀκόμη

ἔφθασεν ὁ πραγματευτής. Καὶ «Λίβανον!» καὶ «Κόμμι!»
«Ἄριστον Ἔλαιον!» «Ἄρωμα γιὰ τὴν κόμη!»

στοὺς δρόμους διαλαλεῖ. Ἀλλ' ἡ μεγάλη ὀχλοβοή,
κ' ἡ μουσικές, κ' ἡ παρελάσεις ποῦ ἀφίνουν ν' ἀκουσθεῖ.

Τὸ πλῆθος τὸν σκουντᾶ, τὸν σέρνει, τὸν βροντᾶ.
Κι ὅταν πιὰ τέλεια σαστισμένος, «Τί εἶναι ἡ τρέλλα αὐτή;» ρωτᾶ,

ἕνας τοῦ ρίχνει κι αὐτουνοῦ τὴν γιγαντιαία ψευτιὰ
τοῦ παλατιοῦ — ποὺ στὴν Ἑλλάδα ὁ Ἀντώνιος νικᾶ.

In Alexandria, 31 BCE

From his little village near the outskirts of town,
dusty from his journey from toe to crown,

the peddler arrives, and cries in the street:
"Frankincense!" "Gum!" and "Oil most sweet!"

and "Scent for the hair!"—but with all this noise,
the music and parades, who can hear his voice?

The crowd shoves him and knocks him and drags him along.
Then perfectly baffled he demands of the throng,

"Why this?" And he's offered the palace's lie:
Because Antony's winning in Greece: that's why.

Ὁ Ἰωάννης Καντακουζηνὸς ὑπερισχύει

Τοὺς κάμπους βλέπει ποὺ ἀκόμη ὁρίζει
μὲ τὸ σιτάρι, μὲ τὰ ζῶα, μὲ τὰ καρποφόρα
δένδρα. Καὶ πιὸ μακρυὰ τὸ σπίτι του τὸ πατρικό,
γεμάτο ροῦχα κ' ἔπιπλα πολύτιμα, κι ἀσημικό.

Θὰ τοῦ τὰ πάρουν — Ἰησοῦ Χριστέ! — θὰ τοῦ τὰ πάρουν τώρα.

Ἄραγε νὰ τὸν λυπηθεῖ ὁ Καντακουζηνὸς
ἂν πάει στὰ πόδια του νὰ πέσει. Λὲν πὼς εἶν' ἐπιεικής,
λίαν ἐπιεικής. Ἀλλ' οἱ περὶ αὐτόν; ἀλλ' ὁ στρατός;—
Ἤ, στὴν κυρία Εἰρήνη νὰ προσπέσει, νὰ κλαυθεῖ;

Κουτός! στὸ κόμμα νὰ μπλεχθεῖ τῆς Ἄννας —
ποὺ νὰ μὴν ἔσωνε νὰ τὴν στεφανωθεῖ
ὁ κὺρ Ἀνδρόνικος ποτέ. Εἴδαμε προκοπὴ
ἀπὸ τὸ φέρσιμό της, εἴδαμε ἀνθρωπιά;
Μὰ ὡς κ' οἱ Φράγκοι δὲν τὴν ἐκτιμοῦνε πιά.
Γελοῖα τὰ σχέδια της, μωρὰ ἡ ετοιμασία της ὅλη.
Ἐνῶ φοβέριζαν τὸν κόσμο ἀπὸ τὴν Πόλι,
τοὺς ρήμαξεν ὁ Καντακουζηνός, τοὺς ρήμαξε ὁ κὺρ Γιάννης.

Καὶ ποὺ τὸ εἶχε σκοπὸ νὰ πάει μὲ τοῦ κὺρ Γιάννη
τὸ μέρος! Καὶ θὰ τὅκαμνε. Καὶ θᾶταν τώρα εὐτυχισμένος,
μεγάλος ἄρχοντας πάντα, καὶ στεριωμένος,
ἂν ὁ δεσπότης δὲν τὸν ἔπειθε τὴν τελευταία στιγμή,
μὲ τὴν ἱερατική του ἐπιβολή,
μὲ τὲς ἀπὸ ἄκρου εἰς ἄκρον ἐσφαλμένες του πληροφορίες,
καὶ μὲ τὲς ὑποσχέσεις του, καὶ τὲς βλακεῖες.

Ioannes Kantakouzinos Prevails

He contemplates the fields that are still his:
the crops, the animals, the fruit-laden trees.
And beyond them: his ancestral home
filled with vestments, and precious furnishings, and silver.

They'll take it from him—my God!—they'll take it all.

Would Kantakouzinos show him any compassion
if he went and fell at his feet? They say he's merciful,
quite merciful. But what of those about him? And the army?
Perhaps it's best to plead his case on his knees before Kyria Eirene . . .

What a fool he was to have involved himself with Anna's party—
If only Kyr Andronikos had never lived to marry her.
Have we ever seen any benefit from her behaviors,
have we ever seen the smallest hint of human kindness?
Even the Franks have lost all respect for her.
Her schemes were embarrassing, her intrigues quite absurd.
Even as, from Constantinople, they shook their fist at the world,
Kyr Kantakouzinos was obliterating them.
Kyr Ioannes thoroughly obliterated them.

And to think he'd intended to go over to Kyr Ioannes' side!
He would have done it, too, and would now be content,
his noble status forever secure, his fortunes intact,
if only the bishop hadn't swayed him at the very last
moment, plying his impressive priestly methods,
with his thoroughly mistaken information,
his baldfaced blandishments, and all his claptrap.

1925

Τέμεθος, Ἀντιοχεύς· 400 μ.Χ.

Στίχοι τοῦ νέου Τεμέθου   τοῦ ἐρωτοπαθοῦς.
Μὲ τίτλον «Ὁ Ἐμονίδης»—   τοῦ Ἀντιόχου Ἐπιφανοῦς
ὁ προσφιλὴς ἑταῖρος·   ἕνας περικαλλὴς
νέος ἐκ Σαμοσάτων.   Μὰ ἂν ἔγιναν οἱ στίχοι
θερμοί, συγκινημένοι   εἶναι ποὺ ὁ Ἐμονίδης
(ἀπὸ τὴν παλαιὰν   ἐκείνην ἐποχή·
τὸ ἑκατὸν τριάντα ἑπτὰ   τῆς βασιλείας Ἑλλήνων!—
ἴσως καὶ λίγο πρὶν)   στὸ ποίημα ἐτέθη
ὡς ὄνομα ψιλόν·   εὐάρμοστον ἐν τούτοις.
Μιὰ ἀγάπη τοῦ Τεμέθου   τὸ ποίημα ἐκφράζει,
ὡραίαν κι ἀξίαν αὐτοῦ.   Ἐμεῖς οἱ μυημένοι
οἱ φίλοι του οἱ στενοί·   ἐμεῖς οἱ μυημένοι
γνωρίζουμε γιὰ ποιόνα   ἐγράφησαν οἱ στίχοι.
Οἱ ἀνίδεοι Ἀντιοχεῖς   διαβάζουν, Ἐμονίδην.

Temethos, Antiochian, 400 CE

Verses written by young Temethos,   who's mad with love.
The title is *Emonides*   —he the favorite companion
of Antiochos Epiphanes;   a very good-looking
young man from Samosata.   But if the resulting verses are
radiant, and charged with emotion,   it's because Emonides
(from a long-ago time,   in year One Hundred Thirty-Seven
of the Greek kingship   —perhaps even earlier)
is simply the name of the poem   —however fitting it may be.
In truth, the poem is a reflection   of a certain love of Temethos,
a wonderful love,   certainly worthy of him. We, the initiate,
his dearest friends,   we, the initiate, well know
for whom the verses were written.   Let the literal-
minded Antiochians   keep reading "Emonides."

Ἀπὸ ὑαλὶ χρωματιστὸ

Πολὺ μὲ συγκινεῖ μιὰ λεπτομέρεια
στὴν στέψιν, ἐν Βλαχέρναις, τοῦ Ἰωάννη Καντακουζηνοῦ
καὶ τῆς Εἰρήνης Ἀνδρονίκου Ἀσάν.
Ὅπως δὲν εἶχαν παρὰ λίγους πολυτίμους λίθους
(τοῦ ταλαιπώρου κράτους μας ἦταν μεγάλ᾽ ἡ πτώχεια)
φόρεσαν τεχνητούς. Ἕνα σωρὸ κομμάτια ἀπὸ ὑαλί,
κόκκινα, πράσινα ἢ γαλάζια. Τίποτε
τὸ ταπεινὸν ἢ τὸ ἀναξιοπρεπὲς
δὲν ἔχουν κατ᾽ ἐμὲ τὰ κομματάκια αὐτὰ
ἀπὸ ὑαλὶ χρωματιστό. Μοιάζουνε τουναντίον
σὰν μιὰ διαμαρτυρία θλιβερὴ
κατὰ τῆς ἄδικης κακομοιριᾶς τῶν στεφομένων.
Εἶναι τὰ σύμβολα τοῦ τί ἥρμοζε νὰ ἔχουν,
τοῦ τί ἐξ ἅπαντος ἦταν ὀρθὸν νὰ ἔχουν
στὴν στέψι των ἕνας Κὺρ Ἰωάννης Καντακουζηνός,
μιὰ Κυρία Εἰρήνη Ἀνδρονίκου Ἀσάν.

Of Colored Glass

A certain aspect of the coronation, at Vlachernai,
of Ioannes Kantakouzinos and Eirene, daughter
of Andronikos Asan, has touched me deeply.
Having but a handful of precious stones
(our wretched empire was all but bankrupt),
they wore artificial gems fashioned from glass:
red glass, and green, and blue. There's nothing degrading
or undignified in those bits of colored glass,
as I see it. Quite the contrary: they seem to me
a melancholy protest against the injustice
of the privations visited upon those being crowned.
They are representations of what was fitting,
what was certainly appropriate for them to have
at their very coronation: a Kyr Ioannes
Kantakouzinos, and a Kyria Eirene,
the daughter of Andronikos Asan.

Τὸ 25ον ἔτος τοῦ βίου του

Πηγαίνει στὴν ταβέρνα τακτικὰ
ποὺ εἴχανε γνωρισθεῖ τὸν περασμένο μῆνα.
Ρώτησε· μὰ δὲν ἤξεραν τίποτε νὰ τὸν ποῦν.
Ἀπὸ τὰ λόγια των, κατάλαβε πὼς εἶχε γνωρισθεῖ
μ' ἕνα ὅλως ἄγνωστο ὑποκείμενον·
μιὰ ἀπ' τὲς πολλὲς ἄγνωστες κ' ὕποπτες
νεανικὲς μορφὲς ποὺ ἀπ' ἐκεῖ περνοῦσαν.
Πηγαίνει ὅμως στὴν ταβέρνα τακτικά, τὴν νύχτα,
καὶ κάθεται καὶ βλέπει πρὸς τὴν εἴσοδο·
μέχρι κοπώσεως βλέπει πρὸς τὴν εἴσοδο.
Ἴσως νὰ μπεῖ. Ἀπόψ' ἴσως ναρθεῖ.

Κοντὰ τρεῖς ἑβδομάδες ἔτσι κάμνει.
Ἀρρώστησεν ὁ νοῦς του ἀπὸ λαγνεία.
Στὸ στόμα του μείνανε τὰ φιλιά.
Παθαίνεται ἀπ' τὸν διαρκῆ πόθον ἡ σάρκα του ὅλη.
Τοῦ σώματος ἐκείνου ἡ ἀφὴ εἶν' ἐπάνω του.
Θέλει τὴν ἔνωσι μαζύ του πάλι.

Νὰ μὴν προδίδεται, τὸ προσπαθεῖ ἐννοεῖται.
Μὰ κάποτε σχεδὸν ἀδιαφορεῖ.—
Ἐξ ἄλλου, σὲ τί ἐκτίθεται τὸ ξέρει,
τὸ πῆρε ἀπόφασι. Δὲν εἶν' ἀπίθανον ἡ ζωή του αὐτὴ
σὲ σκάνδαλον ὀλέθριο νὰ τὸν φέρει.

The 25th Year of his Life

He goes rather frequently to the taverna,
where they'd met one another a month before.
He makes inquiries, but they can tell him nothing.
From what they say, however, he understands that the other
had made the acquaintance of an otherwise unfamiliar sort,
one of the countless unfamiliar and dubious
young types who frequent the place. And yet he goes
often to the taverna, always at night,
and sits there, and keeps an eye on the entrance;
he peers at the entrance until he's exhausted.
Perhaps he'll just show up. Perhaps this evening.

He does the same for nearly three weeks.
His mind begins to suffer from longing.
The kisses linger there on his mouth.
His flesh aches from the interminable desire.
He can feel the weight of that body on his own.
He longs for nothing but to be joined with him again.

Of course he struggles not to reveal himself.
But at times he doesn't really seem to care.
After all, he knows what he's inviting,
he's resigned to it: it's entirely likely that this life
he's chosen will lead to a disastrous disgrace.

Εἰς Ἰταλικὴν παραλίαν

Ὁ Κῆμος Μενεδώρου,   Ἰταλιώτης νέος,
τὸν βίον του περνᾶ   μέσα στὲς διασκεδάσεις·
ὡς συνειθίζουν τοῦτοι   οἱ ἀπ' τὴν Μεγάλη Ἑλλάδα
μὲς στὰ πολλὰ τὰ πλούτη   ἀναθρεμένοι νέοι.

Μὰ σήμερα εἶναι λίαν,   παρὰ τὸ φυσικό του,
σύννους καὶ κατηφής.   Κοντὰ στὴν παραλίαν,
μὲ ἄκραν μελαγχολίαν   βλέπει ποὺ ἐκφορτώνουν
τὰ πλοῖα μὲ τὴν λείαν   ἐκ τῆς Πελοποννήσου.

Λάφυρα ἑλληνικά·   ἡ λεία τῆς Κορίνθου.

Ἄ σήμερα βεβαίως   δὲν εἶναι θεμιτόν,
δὲν εἶναι δυνατὸν   ὁ Ἰταλιώτης νέος
νἄχει γιὰ διασκεδάσεις   καμιὰν ἐπιθυμίαν.

By an Italian Shore

Kemos, son of Menedoros,   being a young Greek
from Italy,   devotes his life to revelry,
as is the custom   among young men of *Magna Graecia*,
those brought up   in the cradle of affluence.

But today, in spite of himself,   he's preoccupied
and disheartened.   Near the shore, he watches anxiously
as they unload the cargo   of ships from the Peloponnese.

Spoils from Greece;   the booty of Corinth.

Ah, today it truly   doesn't feel right,
it's just not possible   for this young Greek from Italy
to muster any enthusiasm   for revelry.

Στὸ πληκτικὸ χωριὸ

Στὸ πληκτικὸ χωριὸ ποὺ ἐργάζεται —
ὑπάλληλος σ' ἕνα κατάστημα
ἐμπορικό· νεότατος — καὶ ποὺ ἀναμένει
ἀκόμη δυὸ τρεῖς μῆνες νὰ περάσουν,
ἀκόμη δυὸ τρεῖς μῆνες γιὰ νὰ λιγοστέψουν ἡ δουλειές,
κ' ἔτσι νὰ μεταβεῖ στὴν πόλιν νὰ ριχθεῖ
στὴν κίνησι καὶ στὴν διασκέδασιν εὐθύς·
στὸ πληκτικὸ χωριὸ ὅπου ἀναμένει —
ἔπεσε στὸ κρεββάτι ἀπόψι ἐρωτοπαθής,
ὅλ' ἡ νεότης του στὸν σαρκικὸ πόθο ἀναμένη,
εἰς ἔντασιν ὡραίαν ὅλ' ἡ ὡραία νεότης του.
Καὶ μὲς στὸν ὕπνον ἡ ἡδονὴ προσῆλθε· μέσα
στὸν ὕπνο βλέπει κ' ἔχει τὴν μορφή, τὴν σάρκα ποὺ ἤθελε ....

In the Dreary Village

In the dreary village where he works—
a clerk in a store, he's very young—and where
he's waiting for two or three months to pass,
two or three months before business begins to slacken,
so that he can rush into town and without delay throw himself
into the crowd, plunging headlong into events and pleasures;
in the dreary village where he's biding his time,

tonight he went to bed positively ill with desire,
the whole of his young self engulfed by lust's flames,
all his youthful beauty delivered up to a delicious intensity.
Until finally pleasure found him in his sleep; in his
sleep he saw and seized the figure, the flesh he craved.

Ἀπολλώνιος ὁ Τυανεὺς ἐν Ρόδῳ

Γιὰ τὴν ἁρμόζουσα παίδευσι κι ἀγωγὴ
ὁ Ἀπολλώνιος ὁμιλοῦσε μ' ἕναν
νέον ποὺ ἔκτιζε πολυτελῆ
οἰκίαν ἐν Ρόδῳ. «Ἐγὼ δὲ ἐς ἱερὸν»
εἶπεν ὁ Τυανεὺς στὸ τέλος «παρελθὼν
πολλῷ ἂν ἥδιον ἐν αὐτῷ μικρῷ
ὄντι ἄγαλμα ἐλέφαντός τε καὶ χρυσοῦ
ἴδοιμι ἢ ἐν μεγάλῳ κεραμεοῦν τε καὶ φαῦλον.» —

Τὸ «κεραμεοῦν» καὶ «φαῦλον»· τὸ σιχαμερό:
ποὺ κιόλας μερικοὺς (χωρὶς προπόνησι ἀρκετὴ)
ἀγυρτικῶς ἐξαπατᾶ. Τὸ κεραμεοῦν καὶ φαῦλον.

Apollonios of Tyana in Rhodes

It's all about proper schooling and conduct,
remarked Apollonios to a young man who was
building a sumptuous villa in Rhodes. "Upon entering
a sanctuary," concluded the Tyanian,
"even a modest one, I would much rather contemplate
a statue fashioned in ivory and gold
than to gaze upon, in a grander sanctuary,
a crude statue, modeled from vulgar clay."

The "clay" and the "vulgar"—how disgusting.
They already deceive a good many (those who lack
the proper schooling). The "clay" and the "vulgar."

1926

Ἡ ἀρρώστια τοῦ Κλείτου

Ὁ Κλεῖτος, ἕνα συμπαθητικὸ
παιδί, περίπου εἴκοσι τριῶ ἐτῶν —
μὲ ἀρίστην ἀγωγή, μὲ σπάνια ἑλληνομάθεια —
εἶν' ἄρρωστος βαρειά. Τὸν ηὗρε ὁ πυρετὸς
ποὺ φέτος θέρισε στὴν Ἀλεξάνδρεια.

Τὸν ηὗρε ὁ πυρετὸς ἐξαντλημένο κιόλας ἠθικῶς
ἀπ' τὸν καϋμὸ ποὺ ὁ ἑταῖρος του, ἕνας νέος ἠθοποιός,
ἔπαυσε νὰ τὸν ἀγαπᾶ καὶ νὰ τὸν θέλει.

Εἶν' ἄρρωστος βαρειά, καὶ τρέμουν οἱ γονεῖς του.

Καὶ μιὰ γρηὰ ὑπηρέτρια ποὺ τὸν μεγάλωσε,
τρέμει κι αὐτὴ γιὰ τὴν ζωὴ τοῦ Κλείτου.
Μὲς στὴν δεινὴν ἀνησυχία της
στὸν νοῦ της ἔρχεται ἕνα εἴδωλο
ποὺ λάτρευε μικρή, πρὶν μπεῖ αὐτοῦ, ὑπηρέτρια,
σὲ σπίτι Χριστιανῶν ἐπιφανῶν, καὶ χριστιανέψει.
Παίρνει κρυφὰ κάτι πλακούντια, καὶ κρασί, καὶ μέλι.
Τὰ πάει στὸ εἴδωλο μπροστά. Ὅσα θυμᾶται μέλη
τῆς ἱκεσίας ψάλλει· ἄκρες, μέσες. Ἡ κουτὴ
δὲν νοιώθει ποὺ τὸν μαῦρον δαίμονα λίγο τὸν μέλει
ἂν γιάνει ἢ ἂν δὲν γιάνει ἕνας Χριστιανός.

Kleitos' Illness

Kleitos, a pleasant youth of twenty-three or so—
well-brought-up, with a singular Greek education—
is deathly ill. The fever that this year in Alexandria
reaped a plentiful harvest has found him.

The fever found him in a weakened state already,
disconsolate with grief that his lover, a young
actor, had stopped loving him, had stopped desiring him.

He's deathly ill, and his parents tremble with fear.

An old servant, the one who raised him,
also trembles with fear for Kleitos' life.
And in her extreme disquietude
she recalls an idol she once worshiped as a child,
before coming here to be a servant in a household
of eminent Christians, and to be herself Christianized.
She quietly takes some bread, some wine, and honey,
and offers them to the idol, chanting whatever
odd phrases she remembers of the old prayers. The
benighted woman doesn't realize that the black demon
could care less whether a Christian gets well or not.

Ἐν δήμῳ τῆς Μικρᾶς Ἀσίας

Ἡ εἰδήσεις γιὰ τὴν ἔκβασι τῆς ναυμαχίας, στὸ Ἄκτιον,
ἦσαν βεβαίως ἀπροσδόκητες.
Ἀλλὰ δὲν εἶναι ἀνάγκη νὰ συντάξουμε νέον ἔγγραφον.
Τ' ὄνομα μόνον ν' ἀλλαχθεῖ. Ἀντίς, ἐκεῖ
στὲς τελευταῖες γραμμές, «Λυτρώσας τοὺς Ρωμαίους
ἀπ' τὸν ὀλέθριον Ὀκτάβιον,
τὸν δίκην παρῳδίας Καίσαρα,»
τώρα θὰ βάλουμε «Λυτρώσας τοὺς Ρωμαίους
ἀπ' τὸν ὀλέθριον Ἀντώνιον».
Ὅλο τὸ κείμενον ταιριάζει ὡραῖα.

«Στὸν νικητήν, τὸν ἐνδοξότατον,
τὸν ἐν παντὶ πολεμικῷ ἔργῳ ἀνυπέρβλητον,
τὸν θαυμαστὸν ἐπὶ μεγαλουργίᾳ πολιτικῇ,
ὑπὲρ τοῦ ὁποίου ἐνθέρμως εὔχονταν ὁ δῆμος·
τὴν ἐπικράτησι τοῦ Ἀντωνίου»
ἐδῶ, ὅπως εἴπαμεν, ἡ ἀλλαγή: «τοῦ Καίσαρος
ὡς δῶρον τοῦ Διὸς κάλλιστον θεωρῶν—
στὸν κραταιὸ προστάτη τῶν Ἑλλήνων,
τὸν ἔθη ἑλληνικὰ εὐμενῶς γεραίροντα,
τὸν προσφιλῆ ἐν πάσῃ χώρᾳ ἑλληνικῇ,
τὸν λίαν ἐνδεδειγμένον γιὰ ἔπαινο περιφανῆ,
καὶ γιὰ ἐξιστόρησι τῶν πράξεών του ἐκτενῆ
ἐν λόγῳ ἑλληνικῷ κ' ἐμμέτρῳ καὶ πεζῷ·
ἐ ν λ ό γ ῳ ἑ λ λ η ν ι κ ῷ ποὺ εἶν' ὁ φορεὺς τῆς φήμης,»
καὶ τὰ λοιπά, καὶ τὰ λοιπά. Λαμπρὰ ταιριάζουν ὅλα.

In A Township Of Asia Minor

The news from Actium, regarding the sea-battle's outcome,
was most certainly unexpected.
But there's really no need to draft another proclamation.
Let's just change the name. And in the last lines, instead of
"Having delivered the Romans from Octavius,
that disaster, that parody of Caesar,"
let's just say, "Having delivered the Romans
from the disastrous Antony."
The rest of the text works very nicely indeed.

"To the most magnificent conqueror,
unsurpassed in his military prowess,
exemplary in his political judgment,
on whose behalf everyone passionately prayed
for the triumph of Antony"—
here, as we've said, it should read "for Octavius' triumph,
regarded as the ideal gift from Zeus,
to the resolute defender of the Greeks,
one who embraces and does honor to Greek customs,
one who is beloved in every Greek land,
who is clearly deserving of praise and respect,
and whose deeds should be exhaustively recorded
in the Greek language, in proper verse and prose—
in the *Greek language*, which is the medium of renown,"
et cetera, et cetera. It all works very nicely indeed.

Ἱερεὺς τοῦ Σεραπίου

Τὸν γέροντα καλὸν πατέρα μου,
τὸν ἀγαπῶντα με τὸ ἴδιο πάντα·
τὸν γέροντα καλὸν πατέρα μου θρηνῶ
ποὺ πέθανε προχθές, ὀλίγο πρὶν χαράξει.

Ἰησοῦ Χριστέ, τὰ παραγγέλματα
τῆς ἱεροτάτης ἐκκλησίας σου νὰ τηρῶ
εἰς κάθε πρᾶξιν μου, εἰς κάθε λόγον,
εἰς κάθε σκέψι εἶν' ἡ προσπάθεια μου
ἡ καθημερινή. Κι ὅσους σὲ ἀρνοῦνται
τοὺς ἀποστρέφομαι.— Ἀλλὰ τώρα θρηνῶ·
ὀδύρομαι, Χριστέ, γιὰ τὸν πατέρα μου
μ' ὅλο ποὺ ἤτανε —φρικτὸν εἰπεῖν—
στὸ ἐπικατάρατον Σεράπιον ἱερεύς.

Priest at the Serapeion

My old man, my kindly father,
whose love for me was ever constant,
I mourn for my old man, my kindly father,
who died just the other day, a little before dawn.

Good Jesus, I try, in every deed,
in every word and every single thought,
I try with all my heart to abide
by the principles of your holy Church.
I turn away from those who would deny you.
But now I mourn; now I grieve, good Jesus,
for my kindly father, even though he was—
it's a terrible thing to admit—a priest
at that most-accursed Serapeion.

Μέσα στὰ καπηλειὰ—

Μέσα στὰ καπηλειὰ   καὶ τὰ χαμαιτυπεῖα
τῆς Βηρυτοῦ κυλιέμαι.   Δὲν ἤθελα νὰ μένω
στὴν Ἀλεξάνδρεια ἐγώ.   Μ' ἄφισεν ὁ Ταμίδης·
κ' ἐπῆγε μὲ τοῦ Επάρχου   τὸν υἱὸ γιὰ ν' ἀποκτήσει
μιὰ ἔπαυλι στὸν Νεῖλο,   ἕνα μέγαρον στὴν πόλιν.
Δὲν ἔκανε νὰ μένω   στὴν Ἀλεξάνδρεια ἐγώ.—
Μέσα στὰ καπηλειὰ   καὶ τὰ χαμαιτυπεῖα
τῆς Βηρυτοῦ κυλιέμαι.   Μὲς σ' εὐτελῆ κραιπάλη
διάγω ποταπῶς.   Τὸ μόνο ποὺ μὲ σώζει
σὰν ἐμορφιὰ διαρκής,   σὰν ἄρωμα ποὺ ἐπάνω
στὴν σάρκα μου ἔχει μείνει,   εἶναι ποὺ εἶχα δυὸ χρόνια
δικό μου τὸν Ταμίδη,   τὸν πιὸ ἐξαίσιο νέο,
δικό μου ὄχι γιὰ σπίτι   ἢ γιὰ ἔπαυλι στὸν Νεῖλο.

In the Tavernas—

I wallow in the tavernas   and in the brothels
of Beirut.   I really didn't want to remain
in Alexandria.   Tamides deserted me
for the governor's son,   for a villa on the Nile,
a mansion in the city.   It wouldn't have been
decent for me   to remain in Alexandria.
So I wallow in the tavernas   and in the brothels
of Beirut—I live basely,   surrendering myself
to the most vulgar   depravities.
The only thing   that redeems me,
like an enduring beauty,   like a perfume
that yet clings to my skin,   is that I possessed
Tamides for two full years;   that most delicious
young man was completely mine,   and not for a
house,   not for a villa on the Nile.

Μεγάλη συνοδεία ἐξ ἱερέων καὶ λαϊκῶν

Ἐξ ἱερέων καὶ λαϊκῶν μιὰ συνοδεία,
ἀντιπροσωπευμένα πάντα τὰ ἐπαγγέλματα,
διέρχεται ὁδούς, πλατέες, καὶ πύλες
τῆς περιωνύμου πόλεως Ἀντιοχείας.
Στῆς ἐπιβλητικῆς, μεγάλης συνοδείας τὴν ἀρχὴ
ὡραῖος, λευκοντυμένος ἔφηβος βαστᾶ
μὲ ἀνυψωμένα χέρια τὸν Σταυρόν,
τὴν δύναμιν καὶ τὴν ἐλπίδα μας, τὸν ἅγιον Σταυρόν.
Οἱ ἐθνικοί, οἱ πρίν τοσοῦτον ὑπερφίαλοι,
συνεσταλμένοι τώρα καὶ δειλοὶ μὲ βίαν
ἀπομακρύνονται ἀπὸ τὴν συνοδείαν.
Μακρὰν ἡμῶν, μακρὰν ἡμῶν νὰ μένουν πάντα
(ὅσο τὴν πλάνη τους δὲν ἀπαρνοῦνται). Προχωρεῖ
ὁ ἅγιος Σταυρός. Εἰς κάθε συνοικίαν
ὅπου ἐν θεοσεβείᾳ ζοῦν οἱ Χριστιανοὶ
φέρει παρηγορίαν καὶ χαρά:
βγαίνουν, οἱ εὐλαβεῖς, στὲς πόρτες τῶν σπιτιῶν τους
καὶ πλήρεις ἀγαλλιάσεως τὸν προσκυνοῦν —
τὴν δύναμιν, τὴν σωτηρίαν τῆς οἰκουμένης, τὸν Σταυρόν.—

Εἶναι μιὰ ἐτήσια ἑορτὴ Χριστιανική.
Μὰ σήμερα τελεῖται, ἰδού, πιὸ ἐπιφανῶς.
Λυτρώθηκε τὸ κράτος ἐπὶ τέλους.
Ὁ μιαρότατος, ὁ ἀποτρόπαιος
Ἰουλιανὸς δὲν βασιλεύει πιά.

Ὑπὲρ τοῦ εὐσεβεστάτου Ἰοβιανοῦ εὐχηθῶμεν.

A Great Procession of Clerics and Laymen

A procession of clerics and laymen,
every profession therein represented,
wends its way through the streets, the squares,
and the gates of the illustrious city of Antioch.
At the head of this truly impressive procession
a lovely young man, clad all in white, bears
in his uplifted arms the Cross: the holy Cross,
our strength and our hope. The pagans, until lately
all arrogance, but now grudging and timid,
quickly retreat from the approaching procession.
Let them always keep their distance,
let them keep their distance (as long as they
fail to renounce their error). The holy Cross
advances, and so delivers consolation and joy
into every quarter where God-loving Christians dwell.
And those who believe come out to stand in their doorways
and with their prayers greet it exultantly—the Cross:
the strength and the salvation of the world.

It is an annual Christian holiday.
But today, as you can well see, the event
is celebrated even more wonderfully. At long last
the nation has been delivered. That contemptible
and degenerate Julian rules no longer.

For the most pious Jovian let us all offer prayers.

Σοφιστὴς ἀπερχόμενος ἐκ Συρίας

Δόκιμε σοφιστὴ   ποὺ ἀπέρχεσαι ἐκ Συρίας
καὶ περὶ Ἀντιοχείας   σκοπεύεις νὰ συγγράψεις,
Ἐν τῷ ἔργῳ σου τὸν Μέβη   ἀξίζει ν' ἀναφέρεις.
Τὸν φημισμένο Μέβη   ποὺ ἀναντιρρήτως εἶναι
ὁ νέος ὁ πιὸ εὐειδής,   κι ὁ πιὸ ἀγαπηθεὶς
σ' ὅλην τὴν Ἀντιόχεια.   Κανέν' ἀπὸ τοὺς ἄλλους
τοῦ ἰδίου βίου νέους,   κανένα δὲν πληρώνουν
τόσο ἀκριβὰ ὡς αὐτόν.   Γιὰ νἄχουνε τὸν Μέβη
μονάχα δυό, τρεῖς μέρες   πολὺ συχνὰ τὸν δίνουν
ὣς ἑκατὸ στατῆρας.—   Εἶπα, Στὴν Ἀντιόχεια·
μὰ καὶ στὴν Ἀλεξάνδρεια,   μὰ καὶ στὴν Ρώμη ἀκόμη,
δὲν βρίσκετ' ἕνας νέος   ἐράσμιος σὰν τὸν Μέβη.

Sophist Leaving Syria

Gifted sophist,   now that you're leaving Syria,
intending to write   a book about Antioch,
it's worthwhile   to mention Meves in your work.
The celebrated Meves,   who is, without a doubt,
the most handsome   and the best loved young man
in all of Antioch.   None of the other young men,
leading his kind of life,   none of them commands the kind
of money that he commands.   In order to have Meves
for, say, two or three days,   they often must pay him
as much as a hundred staters.   As I said: in all of Antioch;
but the same is true in Alexandria,   and even in Rome.
You can't find a young man   as desirable as Meves.

Ὁ Ἰουλιανὸς καὶ οἱ Ἀντιοχεῖς

«Τὸ Χῖ, φασίν, οὐδὲν ἠδίκησε τὴν πόλιν οὐδὲ τὸ
Κάππα... Τυχόντες δ' ἡμεῖς ἐξηγητῶν...
ἐδιδάχθημεν ἀρχὰς ὀνομάτων εἶναι τὰ γράμματα,
δηλοῦν δ' ἐθέλειν τὸ μὲν Χριστόν, τὸ δὲ Κωνστάντιον.

Ἰουλιανοῦ, Μισοπώγων

Ἤτανε δυνατὸν ποτὲ ν' ἀπαρνηθοῦν
τὴν ἔμορφή τους διαβίωσι· τὴν ποικιλία
τῶν καθημερινῶν τους διασκεδάσεων· τὸ λαμπρό τους
θέατρον ὅπου μιὰ ἔνωσις ἐγένονταν τῆς Τέχνης
μὲ τὲς ἐρωτικὲς τῆς σάρκας τάσεις!

Ἀνήθικοι μέχρι τινὸς —καὶ πιθανὸν μέχρι πολλοῦ—
ἦσαν. Ἀλλ' εἶχαν τὴν ἱκανοποίησι ποὺ ὁ βίος τους
ἦταν ὁ π ε ρ ι λ ά λ η τ ο ς βίος τῆς Ἀντιοχείας,
ὁ ἐνήδονος, ὁ ἀπόλυτα καλαίσθητος.

Νὰ τ' ἀρνηθοῦν αὐτά, γιὰ νὰ προσέξουν κιόλας τί;

Τὲς περὶ τῶν ψευδῶν θεῶν ἀερολογίες του,
τὲς ἀνιαρὲς περιαυτολογίες·
τὴν παιδαριώδη του θεατροφοβία·
τὴν ἄχαρι σεμνοτυφία του· τὰ γελοῖα του γένεια.

Ἄ βέβαια προτιμούσανε τὸ Χῖ,
ἄ βέβαια προτιμούσανε τὸ Κάππα· ἑκατὸ φορές.

Julian and the Antiochians

The "Chi," they say, had never harmed the city, nor had the
"Kappa" . . . We, stumbling upon the explanation . . .
learned that these were the first letters of two names: one
being "Christ," the other "Konstantios."

Julian, *Misopogon* (The Beard-Hater)

Was it ever possible that they would give up
their marvelous way of life; the variety of their
daily entertainments; their spectacular theater,
in which was fashioned a union between Art
and the indulgent pleasures of the flesh?

They were immoral to a certain degree—and possibly much
more. But they had the pleasure of knowing that their
lifestyle was the *infamous* lifestyle of Antioch:
abundantly hedonistic, perfect in its refinement.

To give all this up, and for what in its stead?

His nattering praise of the false gods,
his mind-numbing self-promotion,
his infantile fear of the theater,
his maudlin priggishness, his idiotic beard.

Oh, but naturally they preferred the "Chi,"
naturally they preferred the "Kappa"—a hundred times over.

1927

Ἄννα Δαλασσηνὴ

Εἰς τὸ χρυσόβουλλον ποὺ ἔβγαλ' ὁ Ἀλέξιος Κομνηνὸς
γιὰ νὰ τιμήσει τὴν μητέρα του ἐπιφανῶς,
τὴν λίαν νοήμονα Κυρίαν Ἄννα Δαλασσηνὴ —
τὴν ἀξιόλογη στὰ ἔργα της, στὰ ἤθη —
ὑπάρχουν διάφορα ἐγκωμιαστικά:
ἐδῶ ἂς μεταφέρουμε ἀπὸ αὐτὰ
μιὰ φράσιν ἔμορφην, εὐγενικὴ
«Οὐ τὸ ἐμὸν ἢ τὸ σόν, τὸ ψυχρὸν τοῦτο ῥῆμα, ἐρρήθη».

Anna Dalassene

In the gold-sealed edict that Alexios Komnenos
issued, principally to pay homage to his mother,
the exceedingly wise Kyria Anna Dalassene,
distinguished in both her acts and her ethos,
there are quite a few expressions of praise
for her. From among them allow me to share here
a single sublime and heart-felt phrase:
"Those cold words 'mine' and 'yours' were never spoken."

Μέρες τοῦ 1896

Ἐξευτελίσθη πλήρως. Μιὰ ἐρωτικὴ ροπή του
λίαν ἀπαγορευμένη καὶ περιφρονημένη
(ἔμφυτη μολοντοῦτο) ὑπῆρξεν ἡ αἰτία:
ἦταν ἡ κοινωνία σεμνότυφη πολύ.
Ἔχασε βαθμηδὸν τὸ λιγοστό του χρῆμα·
κατόπι τὴ σειρά, καὶ τὴν ὑπόληψί του.
Πλησίαζε τὰ τριάντα χωρὶς ποτὲ ἕναν χρόνο
νὰ βγάλει σὲ δουλειά, τουλάχιστον γνωστή.
Ἐνίοτε τὰ ἔξοδά του τὰ κέρδιζεν ἀπὸ
μεσολαβήσεις ποὺ θεωροῦνται ντροπιασμένες.
Κατήντησ’ ἕνας τύπος ποὺ ἂν σ’ ἔβλεπαν μαζύ του
συχνά, ἦταν πιθανὸν μεγάλως νὰ ἐκτεθεῖς.

Ἀλλ’ ὄχι μόνον τοῦτα. Δὲν θἄτανε σωστό.
Ἀξίζει παραπάνω τῆς ἐμορφιᾶς του ἡ μνήμη.
Μιὰ ἄποψις ἄλλη ὑπάρχει ποὺ ἂν ἰδωθεῖ ἀπὸ αὐτὴν
φαντάζει, συμπαθής· φαντάζει, ἀπλὸ καὶ γνήσιο
τοῦ ἔρωτος παιδί, ποὺ ἄνω ἀπ’ τὴν τιμή,
καὶ τὴν ὑπόληψί του ἔθεσε ἀνεξετάστως
τῆς καθαρῆς σαρκός του τὴν καθαρὴ ἡδονή.

Ἀπ’ τὴν ὑπόληψί του; Μὰ ἡ κοινωνία ποὺ ἦταν
σεμνότυφη πολὺ συσχέτιζε κουτά.

Days of 1896

He'd been utterly humiliated.   His penchant for lust,
that sternly forbidden   and unspeakable (although
completely natural)   trait of his, was the cause:
society, as it happened,   was exceedingly prudish.
He gradually squandered   what little money he had;
then he lost his social standing,   and then the respect of others.
Although he was nearly thirty   he had
never held down a job,   in even the commonest trade,
for a full year.   On occasion, as necessary,
he covered his expenses   acting as an intermediary,
engaging in transactions   that others regarded as shameful.
He developed into such a character   that to be seen
in his company   was to risk one's own reputation.

But that's not the whole of it;   that's really not very fair.
The memory of his beauty   deserves much better.
There is another quality   by which he may be
seen to be far more sympathetic,   a modest
and sincere child of Eros,   who without
a second thought   placed, even above
his notions of honor   and his own reputation,
the pure sensual delight   of his pure flesh.

Above his own reputation?   But society,
exceedingly prudish,   always got it wrong.

Δύο νέοι, 23 ἕως 24 ἐτῶν

Ἀπ' τὲς δεκάμισυ ἤτανε στὸ καφενεῖον,
καὶ τὸν περίμενε σὲ λίγο νὰ φανεῖ.
Πῆγαν μεσάνυχτα— καὶ τὸν περίμενεν ἀκόμη.
Πῆγεν ἡ ὥρα μιάμισυ· εἶχε ἀδειάσει
τὸ καφενεῖον ὁλοτελῶς σχεδόν.
Βαρέθηκεν ἐφημερίδες νὰ διαβάζει
μηχανικῶς. Ἀπ' τὰ ἔρημα, τὰ τρία σελίνια του
ἔμεινε μόνον ἕνα: τόση ὥρα ποὺ περίμενε
ξόδιασε τ' ἄλλα σὲ καφέδες καὶ κονιάκ.
Κάπνισεν ὅλα του τὰ σιγαρέτα.
Τὸν ἐξαντλοῦσε ἡ τόση ἀναμονή. Γιατὶ
κιόλας μονάχος ὅπως ἦταν γιὰ ὧρες, ἄρχισαν
νὰ τὸν καταλαμβάνουν σκέψεις ὀχληρὲς
τῆς παραστρατημένης του ζωῆς.

Μὰ σὰν εἶδε τὸν φίλο του νὰ μπαίνει— εὐθὺς
ἡ κούρασις, ἡ ἀνία, ἡ σκέψεις φύγανε.

Ὁ φίλος του ἔφερε μιὰ ἀνέλπιστη εἴδησι.
Εἶχε κερδίσει στὸ χαρτοπαικτεῖον ἑξήντα λίρες.

Τὰ ἔμορφά τους πρόσωπα, τὰ ἐξαίσιά τους νειάτα,
ἡ αἰσθητικὴ ἀγάπη ποὺ εἶχαν μεταξύ τους,
δροσίσθηκαν, ζωντάνεψαν, τονώθηκαν
ἀπ' τὲς ἑξήντα λίρες τοῦ χαρτοπαικτείου.

Κι ὅλο χαρὰ καὶ δύναμις, αἴσθημα κι ὡραιότης
πῆγαν— ὄχι στὰ σπίτια τῶν τιμίων οἰκογενειῶν τους
(ὅπου, ἄλλωστε, μήτε τοὺς θέλαν πιά):

Two Young Men, Between 23 and 24

He'd been in the café since ten-thirty,
expecting him to appear at any moment.
Midnight passed, and still he waited for him.
The café, by one-thirty, was nearly deserted.
He'd grown tired of reading the newspapers
without really reading. Of his last three shillings
just one remained: he had waited so long that
he'd spent the other two on coffee and brandy.
And by then he'd smoked all his cigarettes.
Waiting for him had exhausted him. For in that
he'd been alone for so long, he'd fallen
prey to disagreeable notions
about the decadent life he'd been living.

But when he saw his friend come in—the tedium,
the weariness, the unpleasant thoughts disappeared.

His friend brought him some surprising news:
he'd just won sixty pounds in a card game.

Their lovely faces, their gracious youth,
the passionate love they felt for one another
were invigorated, revitalized, emboldened
by the sixty pounds from the gambling-house.

Then full of joy and vitality, all beauty and emotion,
they set off—not for the homes of their virtuous families
(where, besides, they were no longer welcome),

σ' ἕνα γνωστό τους, καὶ λίαν εἰδικό,
σπίτι τῆς διαφθορᾶς πήγανε καὶ ζητῆσαν
δωμάτιον ὕπνου, κι ἀκριβὰ πιοτά, καὶ ξαναήπιαν.

Καὶ σὰν σωθῆκαν τ' ἀκριβὰ πιοτά,
καὶ σὰν πλησίαζε πιὰ ἡ ὥρα τέσσερες,
στὸν ἔρωτα δοθῆκαν εὐτυχεῖς.

but to a house of their acquaintance, a very special
house of wantonness, where they asked for a room
and expensive drinks; and they drank still more.

And when the expensive drinks were finished,
and as it was nearly four o'clock in the morning,
they happily surrendered themselves to fervent love.

Παλαιόθεν Ἑλληνὶς

Καυχιέται ἡ Ἀντιόχεια   γιὰ τὰ λαμπρά της κτίρια,
καὶ τοὺς ὡραίους της δρόμους·   γιὰ τὴν περὶ αὐτὴν
θαυμάσιαν ἐξοχήν,   καὶ γιὰ τὸ μέγα πλῆθος
τῶν ἐν αὐτῇ κατοίκων.   Καυχιέται ποὺ εἶν' ἡ ἕδρα
ἐνδόξων βασιλέων·   καὶ γιὰ τοὺς καλλιτέχνας
καὶ τοὺς σοφοὺς ποὺ ἔχει,   καὶ γιὰ τοὺς βαθυπλούτους
καὶ γνωστικοὺς ἐμπόρους.   Μὰ πιὸ πολὺ ἀσυγκρίτως
ἀπ' ὅλα, ἡ Ἀντιόχεια   καυχιέται ποὺ εἶναι πόλις
παλαιόθεν ἑλληνίς·   τοῦ Ἄργους συγγενής:
ἀπ' τὴν Ἰώνη ποὺ   ἱδρύθη ὑπὸ Ἀργείων
ἀποίκων πρὸς τιμὴν   τῆς κόρης τοῦ Ἰνάχου.

Greek Since Ancient Times

Antioch is proud   of its magnificent architecture
and its lovely streets,   proud of the splendid
landscape surrounding it,   and of the tremendous size
of its population.   It is proud, too, to have been the seat
of illustrious kings;   proud of all its artists and wise men,
proud of its prosperous   and sensible merchants.
But above all this,   Antioch is proudest
that it has been a Greek city   since ancient times;
related to Argos   through Ione,
founded by the Argive   colonists
in honor of   the daughter of Inachos.

Μέρες τοῦ 1901

Τοῦτο εἰς αὐτὸν ὑπῆρχε τὸ ξεχωριστό,
ποὺ μέσα σ᾽ ὅλην του τὴν ἔκλυσι
καὶ τὴν πολλήν του πεῖραν ἔρωτος,
παρ᾽ ὅλην τὴν συνειθισμένη του
στάσεως καὶ ἡλικίας ἐναρμόνισιν,
ἐτύχαιναν στιγμὲς — πλὴν βέβαια
σπανιότατες — ποὺ τὴν ἐντύπωσιν
ἔδιδε σάρκας σχεδὸν ἄθικτης.

Τῶν εἴκοσι ἐννιά του χρόνων ἡ ἐμορφιά,
ἡ τόσο ἀπὸ τὴν ἡδονὴ δοκιμασμένη,
ἦταν στιγμὲς ποὺ θύμιζε παράδοξα
ἔφηβο ποὺ —κάπως ἀδέξια— στὴν ἀγάπη
πρώτη φορὰ τὸ ἀγνό του σῶμα παραδίδει.

Days of 1901

He had this quality that set him apart:
in spite of the vast depths of his depravity
and the broad reach of his sexual adventures,
despite the fact that his years perfectly matched
his behavior, there were nevertheless those times—
infrequent times, it must be said—when he gave
the impression that his flesh was nearly virginal.

His twenty-nine-year-old beauty,
much seasoned by the pleasures of the flesh,
on occasion curiously recalled to mind
a young man who—somewhat gracelessly—surrenders
his pure body to love for the very first time.

1928

Οὐκ ἔγνως

Γιὰ τὲς θρησκευτικές μας δοξασίες —
ὁ κοῦφος Ἰουλιανὸς εἶπεν «Ἀνέγνων, ἔγνων,
κατέγνων». Τάχατες μᾶς ἐκμηδένισε
μὲ τὸ «κατέγνων» του, ὁ γελοιωδέστατος.

Τέτοιες ξυπνάδες ὅμως πέρασι δὲν ἔχουνε σ' ἐμᾶς
τοὺς Χριστιανούς. «Ἀνέγνως, ἀλλ' οὐκ ἔγνως· εἰ γὰρ ἔγνως,
οὐκ ἂν κατέγνως» ἀπαντήσαμεν ἀμέσως.

You Didn't Understand

With respect to the matter of our religious beliefs,
the dull-witted Julian proclaimed, "I read, I understood,
I condemned." He must have thought we'd be devastated
with that "I condemned" of his—the pathetic oaf.

But such cleverness doesn't count for much with us Christians.
We shot back, "You read but you didn't understand;
for had you understood, you wouldn't have condemned."

Ἕνας νέος, τῆς Τέχνης τοῦ Λόγου —στὸ 24ον ἔτος του

Ὅπως μπορεῖς πιὰ δούλεψε, μυαλό.—
Τὸν φθείρει αὐτὸν μιὰ ἀπόλαυσις μισή.
Εἶναι σὲ μιὰ κατάστασι ἐκνευριστική.
Φιλεῖ τὸ πρόσωπο τὸ ἀγαπημένο κάθε μέρα,
τὰ χέρια του εἶναι πάνω στὰ πιὸ ἐξαίσια μέλη.
Ποτέ του δὲν ἀγάπησε μὲ τόσο μέγα
πάθος. Μὰ λείπει ἡ ὡραία πραγμάτωσις
τοῦ ἔρωτος· λείπει ἡ πραγμάτωσις
ποὺ πρέπει νᾶναι κι ἀπ᾽ τοὺς δυὸ μ᾽ ἔντασιν ἐπιθυμητή.

(Δὲν εἶν᾽ ὁμοίως δοσμένοι στὴν ἀνώμαλη ἡδονὴ κ᾽ οἱ δυό.
Μονάχ᾽ αὐτὸν κυρίεψε ἀπολύτως).

Καὶ φθείρεται, καὶ νεύριασε ἐντελῶς.
Ἐξ ἄλλου εἶναι κι ἄεργος· κι αὐτὸ πολὺ συντείνει.
Κάτι μικρὰ χρηματικὰ ποσὰ
μὲ δυσκολία δανείζεται (σχεδὸν
τὰ ζητιανεύει κάποτε) καὶ ψευτοσυντηρεῖται.
Φιλεῖ τὰ λατρεμένα χείλη· πάνω
στὸ ἐξαίσιο σῶμα —ποὺ ὅμως τώρα νοιώθει
πῶς στέργει μόνον— ἡδονίζεται.
Κ᾽ ἔπειτα πίνει καὶ καπνίζει· πίνει καὶ καπνίζει·
καὶ σέρνεται στὰ καφενεῖα ὁλημερίς,
σέρνει μὲ ἀνία τῆς ἐμορφιᾶς του τὸ μαράζι.—
Ὅπως μπορεῖς πιὰ δούλεψε, μυαλό.

A Young Poet in his 24th Year

From now on, brain, work as best as you can.—
A one sided-passion is tearing him apart.
His situation has become almost unbearable.
Day after day he kisses the face he so dearly loves,
his hands traveling over those delicious limbs.
He's never in his life loved with such intensity and
passion. But what's missing from all this is the requisite
erotic consummation; the consummation that
both must fervently desire is simply not there.

(They are not equally disposed toward deviant carnal pleasure.
He alone has been completely possessed by it).

So he's exhausted, and sick with worry.
To make matters worse, he's out of work; that doesn't help.
With no small effort he manages to borrow a little money
to make ends meet (he often nearly has to beg for it).
So he kisses those much-loved lips; and upon that
delicious body—which he's begun to feel
is only going through the motions—he takes his pleasure.
And after that he drinks and smokes; he drinks and smokes;
and he drags himself off to the cafés where he passes the days,
dejectedly dragging along with him his melancholic beauty.—
From now on, brain, work as best as you can.

Ἐν Σπάρτῃ

Δὲν ἤξερεν ὁ βασιλεὺς Κλεομένης, δὲν τολμοῦσε —
δὲν ἤξερε ἔναν τέτοιον λόγο πῶς νὰ πεῖ
πρὸς τὴν μητέρα του· ὅτι ἀπαιτοῦσε ὁ Πτολεμαῖος
γιὰ ἐγγύησιν τῆς συμφωνίας των ν' ἀποσταλεῖ κι αὐτὴ
εἰς Αἴγυπτον καὶ νὰ φυλάττεται·
λίαν ταπεινωτικόν, ἀνοίκειον πρᾶγμα.
Κι ὅλο ἤρχονταν γιὰ νὰ μιλήσει· κι ὅλο δίσταζε.
Κι ὅλο ἄρχιζε νὰ λέγει· κι ὅλο σταματοῦσε.

Μὰ ἡ ὑπέροχη γυναῖκα τὸν κατάλαβε
(εἶχεν ἀκούσει κιόλα κάτι διαδόσεις σχετικές),
καὶ τὸν ἐνθάρρυνε νὰ ἐξηγηθεῖ.
Καὶ γέλασε· κ' εἶπε βεβαίως πιαίνει.
Καὶ μάλιστα χαίρονταν ποὺ μποροῦσε νᾶναι
στὸ γῆρας της ὠφέλιμη στὴν Σπάρτη ἀκόμη.

Ὅσο γιὰ τὴν ταπείνωσι — μὰ ἀδιαφοροῦσε.
Τὸ φρόνημα τῆς Σπάρτης ἀσφαλῶς δὲν ἦταν ἱκανὸς
νὰ νοιώσει ἔνας Λαγίδης χθεσινός·
ὅθεν κ' ἡ ἀπαίτησίς του δὲν μποροῦσε
πραγματικῶς νὰ ταπεινώσει Δέσποιναν
Ἐπιφανῆ ὡς αὐτήν· Σπαρτιάτου βασιλέως μητέρα.

In Sparta

King Kleomenes didn't know, he hardly dared,
he just didn't know how to go about telling his mother
such a thing: to explain to her Ptolemy's demand
that she too would be sent to Egypt, that she would be
held a hostage there in order to guarantee their agreement;
such an inappropriate and embarrassing demand.
And so he was always about to say something, but he
always stopped himself. And he would make a start
at telling her, but each time he couldn't finish.

But this remarkable woman knew what was happening
(she'd already, after all, heard rumors to the effect),
so she encouraged him to say what was on his mind.
And when he did she laughed, saying of course she'd go.
She was even pleased that at her advanced age
she could still be of so much use to Sparta.

As for the humiliation, it mattered not at all to her.
It went without saying that the naïve Lagides was
in no way capable of appreciating Spartan pride;
and as a result his demand could hardly
result in the humiliation of a remarkable
woman like her, she the mother of a Spartan king.

Εἰκὼν εἰκοσιτριετοῦς νέου καμωμένη ἀπὸ φίλον του ὁμήλικα, ἐρασιτέχνην

Τελείωσε τὴν εικόνα   χθὲς μεσημέρι. Τώρα
λεπτομερῶς τὴν βλέπει.   Τὸν ἔκαμε μὲ γκρίζο
ροῦχο ξεκουμπωμένο,   γκρίζο βαθύ· χωρὶς
γελέκι καὶ κραβάτα.   Μ' ἕνα τριανταφυλλὶ
πουκάμισο· ἀνοιγμένο,   γιὰ νὰ φανεῖ καὶ κάτι
ἀπὸ τὴν ἐμορφιὰ   τοῦ στήθους, τοῦ λαιμοῦ.
Τὸ μέτωπο δεξιὰ   ὁλόκληρο σχεδὸν
σκεπάζουν τὰ μαλλιά του,   τὰ ὡραῖα του μαλλιὰ
(ὡς εἶναι ἡ χτενισιὰ   ποὺ προτιμᾶ ἐφέτος).
Ὑπάρχει ὁ τόνος πλήρως   ὁ ἡδονιστικὸς
ποὺ θέλησε νὰ βάλει   σὰν ἔκανε τὰ μάτια,
σὰν ἔκανε τὰ χείλη ...   Τὸ στόμα του, τὰ χείλη
ποὺ γιὰ ἐκπληρώσεις εἶναι   ἐρωτισμοῦ ἐκλεκτοῦ.

Portrait of a Twenty-Three Year Old
Made by his Friend of the Same Age, an Amateur

Noontime yesterday   he completed the painting.
Now he studies it in detail.   He's portrayed him
in a gray unbuttoned coat,   a deep gray, with
neither a vest nor a tie.   Wearing a rose-colored
shirt, open at the collar,   revealing a little something
of the beauty of his chest   and that of his neck.
The right side of his brow   is almost completely
obscured by his hair,   by his marvelous hair
(brushed in the style   of his choosing this year).
The erotic emphasis   is quite clearly on display,
just as he'd intended   when he was rendering the eyes,
when he was painting the lips . . .   his mouth, those lips:
so ready for the attainment   of a matchless pleasure.

Ἐν μεγάλῃ Ἑλληνικῇ ἀποικίᾳ, 200 π.Χ.

Ὅτι τὰ πράγματα δὲν βαίνουν κατ' εὐχὴν στὴν Ἀποικία
δὲν μέν' ἡ ἐλαχίστη ἀμφιβολία,
καὶ μ' ὅλο ποὺ ὁπωσοῦν τραβοῦμ' ἐμπρός,
ἴσως, καθὼς νομίζουν οὐκ ὀλίγοι, νὰ ἔφθασε ὁ καιρὸς
νὰ φέρουμε Πολιτικὸ Ἀναμορφωτή.

Ὅμως τὸ πρόσκομμα κ' ἡ δυσκολία
εἶναι ποὺ κάμνουνε μιὰ ἱστορία
μεγάλη κάθε πρᾶγμα οἱ Ἀναμορφωταὶ
αὐτοί. (Εὐτύχημα θὰ ἦταν ἂν ποτὲ
δὲν τοὺς χρειάζονταν κανείς). Γιὰ κάθε τί,
γιὰ τὸ παραμικρὸ ρωτοῦν κ' ἐξετάζουν,
κ' εὐθὺς στὸν νοῦ τους ριζικὲς μεταρρυθμίσεις βάζουν,
μὲ τὴν ἀπαίτησι νὰ ἐκτελεσθοῦν ἄνευ ἀναβολῆς.

Ἔχουνε καὶ μιὰ κλίσι στὲς θυσίες.
Παραιτηθεῖτε ἀπὸ τὴν κτῆσιν σας ἐκείνη·
ἡ κατοχή σας εἶν' ἐπισφαλής:
ἡ τέτοιες κτήσεις ἀκριβῶς βλάπτουν τὲς Ἀποικίες.
Παραιτηθεῖτε ἀπὸ τὴν πρόσοδον αὐτή,
κι ἀπὸ τὴν ἄλληνα τὴν συναφῆ,
κι ἀπὸ τὴν τρίτη τούτην: ὡς συνέπεια φυσική·
εἶναι μὲν οὐσιώδεις, ἀλλὰ τί νὰ γίνει;
σᾶς δημιουργοῦν μιὰ ἐπιβλαβῆ εὐθύνη.

Κι ὅσο στὸν ἔλεγχό τους προχωροῦνε,
βρίσκουν καὶ βρίσκουν περιττά, καὶ νὰ παυθοῦν ζητοῦνε·
πράγματα ποὺ ὅμως δύσκολα τὰ καταργεῖ κανείς.

In a Great Hellenist Colony, 200 BCE

That things in the colony aren't going so well,
there's no doubt about it, as anyone can tell,
and while it's true that we are making some progress,
perhaps now is the right time, as many people believe,
for us to invite in a political reformer.

But then there's a problem with that, a complication:
these Reformers are disposed to making everything
into such a big deal (it would indeed be a blessing
if we never had need of them). They're compelled to
challenge and scrutinize every last little thing,
and then instantly cook up some radical reform,
which they insist must be implemented post-haste.

Then there's their natural affection for sacrifices:
Relinquish that possession of yours;
owning it is a risky proposition:
it's just such things that harm the colonies.
Abandon that certain source of income,
and the income that follows from it,
and the third one, too, as a logical consequence;
of course it's true that they're significant, but—
sorry to say—they pose a source of peril for you.

And as they dig deeper, in the course of their inspections,
they find more and more things to eliminate as useless;
though these are things, it must be said, that are hard to get rid of.

Κι ὅταν, μὲ τὸ καλό, τελειώσουνε τὴν ἐργασία,
κι ὁρίσαντες καὶ περικόψαντες τὸ πᾶν λεπτομερῶς,
ἀπέλθουν, παίρνοντας καὶ τὴν δικαία μισθοδοσία,
νὰ δοῦμε τί ἀπομένει πιά, μετὰ
τόση δεινότητα χειρουργική.—

Ἴσως δὲν ἔφθασεν ἀκόμη ὁ καιρός.
Νὰ μὴ βιαζόμεθα· εἶν' ἐπικίνδυνον πρᾶγμα ἡ βία.
Τὰ πρόωρα μέτρα φέρνουν μεταμέλεια.
Ἔχει ἄτοπα πολλά, βεβαίως καὶ δυστυχῶς, ἡ Ἀποικία.
Ὅμως ὑπάρχει τὶ τὸ ἀνθρώπινον χωρὶς ἀτέλεια;
Καὶ τέλος πάντων, νά, τραβοῦμ' ἐμπρός.

And when, finally, they've concluded their work,
and have pored over the smallest detail and slashed away at it,
they take their leave (taking with them the fees they're owed),
and we're left to make sense of just what remains,
in the wake of such surgical efficiency.

Perhaps the time isn't quite right for that.
We mustn't jump to conclusions; haste can be its own problem.
Premature measures can lead to remorse.
Sadly, it goes without saying that the colony has its problems.
But by the same token, is there anything human that doesn't?
In the end, what really matters is that we're moving forward.

Ἡγεμὼν ἐκ Δυτικῆς Λιβύης

Ἄρεσε γενικῶς στὴν Ἀλεξάνδρεια,
τὲς δέκα μέρες ποὺ διέμεινεν αὐτοῦ,
ὁ ἡγεμὼν ἐκ Δυτικῆς Λιβύης
Ἀριστομένης, υἱὸς τοῦ Μενελάου.
Ὡς τ' ὄνομά του, κ' ἡ περιβολή, κοσμίως, ἑλληνική.
Δέχονταν εὐχαρίστως τὲς τιμές, ἀλλὰ
δὲν τὲς ἐπιζητοῦσεν· ἦταν μετριόφρων.
Ἀγόραζε βιβλία ἑλληνικά,
ἰδίως ἱστορικὰ καὶ φιλοσοφικά.
Πρὸ πάντων δὲ ἄνθρωπος λιγομίλητος.
Θᾶταν βαθὺς στὲς σκέψεις, διεδίδετο,
κ' οἱ τέτοιοι τὄχουν φυσικὸ νὰ μὴ μιλοῦν πολλά.

Μήτε βαθὺς στὲς σκέψεις ἦταν, μήτε τίποτε.
Ἕνας τυχαῖος, ἀστεῖος ἄνθρωπος.
Πῆρε ὄνομα ἑλληνικό, ντύθηκε σὰν τοὺς Ἕλληνας,
ἔμαθ' ἐπάνω, κάτω σὰν τοὺς Ἕλληνας νὰ φέρεται·
κ' ἔτρεμεν ἡ ψυχή του μὴ τυχὸν
χαλάσει τὴν καλούτσικην ἐντύπωσι
μιλώντας μὲ βαρβαρισμοὺς δεινοὺς τὰ ἑλληνικά,
κ' οἱ Ἀλεξανδρινοὶ τὸν πάρουν στὸ ψιλό,
ὡς εἶναι τὸ συνήθειο τους, οἱ ἀπαίσιοι.

Γι' αὐτὸ καὶ περιορίζονταν σὲ λίγες λέξεις,
προσέχοντας μὲ δέος τὲς κλίσεις καὶ τὴν προφορά·
κ' ἔπληττεν οὐκ ὀλίγον ἔχοντας
κουβέντες στοιβαγμένες μέσα του.

A Sovereign from Western Libya

Aristomenes, son of Menelaos, a sovereign from
Western Libya, was well-regarded in Alexandria
during the ten days he visited there.
Like his name, his vestments were suitably Greek.
He was happy to accept honors, although he didn't
actively seek them; he was, in fact, a modest man.
He purchased Greek books, particularly those on
the subjects of history and philosophy. Above all else,
it is said, he was a man of profound reticence.
And word got around that he was most likely a deep
thinker, as such men are naturally inclined to speak little.

In fact, he wasn't a deep thinker, or anything of the sort;
he was simply an ordinary, laughable fellow who
had taken for himself a Greek name and Greek clothes,
who had taught himself to act more or less like a Greek;
but in the meantime his soul shuddered at the thought
that he might spoil the respectable impression he'd made
by speaking a Greek littered with barbaric blunders,
and that the Alexandrians would make mockery of him,
as was the way they usually behaved, the unseemly curs.

That's why he kept his words to the absolute minimum,
fearfully cautious of his syntax and pronunciation;
and as a result he was driven to tearful distraction,
having more than a few words bottled up inside him.

Κίμων Λεάρχου, 22 ἐτῶν, σπουδαστὴς Ἑλληνικῶν γραμμάτων (ἐν Κυρήνῃ)

«Τὸ τέλος μου ἐπῆλθε   ὅτε ἤμουν εὐτυχής.
Ὁ Ἑρμοτέλης μὲ εἶχε   ἀχώριστόν του φίλον.
Τὲς ὕστατές μου μέρες,   μ' ὅλο ποὺ προσποιοῦνταν
πὼς δὲν ἀνησυχοῦσε,   ἔνοιωνα ἐγὼ συχνὰ
τὰ μάτια του κλαμένα.   Σὰν νόμιζε ποὺ λίγο
εἶχ' ἀποκοιμηθεῖ,   ἔπεφτεν ὡς ἀλλόφρων
στῆς κλίνης μου τὸ ἄκρον.   Ἀλλ' ἤμεθαν κ' οἱ δυὸ
νέοι μιᾶς ἡλικίας,   εἴκοσι τριῶ ἐτῶν.
Προδότις εἶναι ἡ Μοῖρα.   Ἴσως κανένα πάθος
ἄλλο τὸν Ἑρμοτέλη   νἄπαιρνεν ἀπὸ μένα.
Τελείωσα καλῶς·   ἐν τῇ ἀμερίστῳ ἀγάπῃ.»—

Τὸ ἐπιτύμβιον τοῦτο   Μαρύλου Ἀριστοδήμου
ἀποθανόντος πρὸ   μηνὸς στὴν Ἀλεξάνδρεια,
ἔλαβα ἐγὼ πενθῶν,   ὁ ἐξάδελφός του Κίμων.
Μὲ τὸ ἔστειλεν ὁ γράψας   γνωστός μου ποιητής.
Μὲ τὸ ἔστειλ' ἐπειδὴ   ἤξερε συγγενὴς
ὅτ' ἤμουν τοῦ Μαρύλου: δὲν ἤξερε ἄλλο τί.
Εἶν' ἡ ψυχή μου πλήρης   λύπης γιὰ τὸν Μαρύλο.
Εἴχαμε μεγαλώσει   μαζύ, σὰν ἀδελφοί.
Βαθυὰ μελαγχολῶ.   Ὁ πρόωρος θάνατός του
κάθε μνησικακίαν   μοῦ ἔσβυσ' ἐντελῶς.....
κάθε μνησικακίαν   γιὰ τὸν Μαρύλο —μ' ὅλο
ποὺ μὲ εἶχε κλέψει τὴν   ἀγάπη τοῦ Ἑρμοτέλη,
ποὺ κι ἂν μὲ θέλει τώρα   ὁ Ἑρμοτέλης πάλι
δὲν θἆναι διόλου τὸ ἴδιο.   Ξέρω τὸν χαρακτῆρα
τὸν εὐπαθῆ ποὺ ἔχω.   Τὸ ἴνδαλμα τοῦ Μαρύλου
θἄρχεται ἀνάμεσό μας,   καὶ θὰ νομίζω ποὺ

Kimon, Son of Learchos, 22, Student of Greek Letters (in Kyrene)

"The end of my life came   when I was happy.
Hermoteles had me for   his inseparable friend.
During my last days,   though he pretended
he wasn't worried,   his eyes were often
red from weeping.   When he thought that I had
been asleep for a while,   he would fall like a madman
at the edge of my bed.   But we were both, the two of us,
young men of the same age,   twenty-three years old.
Destiny is a traitor.   Perhaps some other passion
would have taken   Hermoteles from me.
It ended well for me,   in undivided love."

I, his grieving relation,   his cousin Kimon,
received this epitaph   for Marylos Aristodemos,
who died a month ago   in Alexandria.
It was sent to me by the author,   a poet of my acquaintance.
It was sent to me   because he knew that
I was related to Marylos,   but that's all he knew.
My soul is full   of sorrow for Marylos.
We grew up together   as close as brothers.
I am deeply saddened.   His premature death
has completely erased   any lingering resentment,
any resentment   toward Marylos—even though
he had stolen from me   the love of Hermoteles,
and even if Hermoteles   should want me again
it could never be the same.   I know well my own nature,
how sensitive I can be.   The ghost of Marylos
will come between us,   and I'll imagine him

μὲ λέγει, Ἰδοὺ εἶσαι τώρα   ἱκανοποιημένος.
Ἰδοὺ τὸν ξαναπῆρες   ὡς ἐποθοῦσες, Κίμων.
Ἰδοὺ δὲν ἔχεις πιὰ   ἀφορμὴ νὰ μὲ διαβάλεις.

saying to me, "See   how happy you are now.
See, you have him back,   Kimon, just as you hoped for;
See, you no longer have   any reason for disparaging me."

Ἐν πορείᾳ πρὸς τὴν Σινώπην

Ὁ Μιθριδάτης, ἔνδοξος καὶ κραταιός,
μεγάλων πόλεων ὁ κύριος,
κάτοχος ἰσχυρῶν στρατῶν καὶ στόλων,
πηγαίνοντας πρὸς τὴν Σινώπην πέρασε ἀπὸ δρόμον
ἐξοχικὸν, πολὺ ἀπόκεντρον
ὅπου ἕνας μάντις εἶχε κατοικίαν.

Ἔστειλεν ἀξιωματικό του ὁ Μιθριδάτης
τὸν μάντι νὰ ρωτήσει πόσα θ' ἀποκτήσει ἀκόμη
στὸ μέλλον ἀγαθά, πόσες δυνάμεις ἄλλες.

Ἔστειλεν ἀξιωματικό του, καὶ μετὰ
πρὸς τὴν Σινώπην τὴν πορεία του ξεκολούθησε.

Ὁ μάντις ἀποσύρθηκε σ' ἕνα δωμάτιο μυστικό.
Μετὰ περίπου μισὴν ὥρα βγῆκε
περίφροντις, κ' εἶπε στὸν ἀξιωματικό,
«Ἱκανοποιητικῶς δὲν μπόρεσα νὰ διευκρινίσω.
Κατάλληλη δὲν εἶν' ἡ μέρα σήμερα.
Κάτι σκιώδη πράγματα εἶδα. Δὲν κατάλαβα καλά. —
Μὰ ν' ἀρκεσθεῖ, φρονῶ, μὲ τόσα ποὺ ἔχει ὁ βασιλεύς.
Τὰ περισσότερα εἰς κινδύνους θὰ τὸν φέρουν.
Θυμήσου νὰ τὸν πεῖς αὐτὸ ἀξιωματικέ:
μὲ τόσα ποὺ ἔχει, πρὸς θεοῦ, ν' ἀρκεῖται!
Ἡ τύχη ξαφνικὲς ἔχει μεταβολές.
Νὰ πεῖς στὸν βασιλέα Μιθριδάτη:
λίαν σπανίως βρίσκεται ὁ ἑταῖρος τοῦ προγόνου του
ὁ εὐγενής, ποὺ ἐγκαίρως μὲ τὴν λόγχην γράφει
στὸ χῶμα ἐπάνω τὸ σωτήριον Φ ε ῦ γ ε Μ ι θ ρ ι δ ά τ α».

On the March toward Sinope

Mithridates, celebrated and powerful,
the ruler of many great cities,
master of considerable armies and fleets,
on his march to Sinope diverged from his course
and followed a back road that led him to
a place where a seer had his dwelling.

Mithridates dispatched one of his officers
to inquire of the seer just how much more power,
how much more wealth would accrue to him in the future.

He dispatched one of his officers, and then
continued on his march to Sinope.

The seer withdrew into a private chamber.
After half an hour he emerged, deep in thought, and told
the officer, "I couldn't distinguish with sufficient clarity.
It's possible that today just isn't the right day.
I did see some obscure things, but couldn't fully understand them.
Nevertheless, I believe the king must be happy with what he has.
To seek more is to expose himself unnecessarily to danger.
Take pains to share this with him, Officer: I am convinced that
he must, in God's name, be satisfied with that which he has!
Fortune, as we know, can suddenly reverse itself.
Take pains to tell King Mithridates this:
It's extremely rare to encounter someone like that noble
companion of his ancestor, who in the nick of time
scratches in the earth with the tip of his spear
those words that will save him, '*Flee, Mithridates.*'"

Μέρες τοῦ 1909, ᾽10, καὶ ᾽11

Ἑνὸς τυραννισμένου, πτωχοτάτου ναυτικοῦ
(ἀπὸ νησὶ τοῦ Αἰγαίου Πελάγους) ἦταν υἱός.
Ἐργάζονταν σὲ σιδερᾶ. Παληόρουχα φοροῦσε.
Σχισμένα τὰ ποδήματά του τῆς δουλειᾶς κ᾽ ἐλεεινά.
Τὰ χέρια του ἦσαν λερωμένα ἀπὸ σκουριὲς καὶ λάδια.

Τὸ βραδυνό, σὰν ἔκλειε τὸ μαγαζί,
ἂν ἦταν τίποτε νὰ ἐπιθυμεῖ πολύ,
καμιὰ κραβάτα κάπως ἀκριβή,
καμιὰ κραβάτα γιὰ τὴν Κυριακή,
ἢ σὲ βιτρίνα ἂν εἶχε δεῖ καὶ λαχταροῦσε
κανένα ὡραῖο πουκάμισο μαβί,
τὸ σῶμα του γιὰ ἔνα τάλληρο ἢ δυὸ πουλοῦσε.

Διερωτῶμαι ἂν στοὺς ἀρχαίους καιροὺς
εἶχεν ἡ ἔνδοξη Ἀλεξάνδρεια νέον πιὸ περικαλλῆ,
πιὸ τέλειο ἀγόρι ἀπὸ αὐτὸν — ποὺ πῆε χαμένος:
δὲν ἔγινε, ἐννοεῖται, ἄγαλμά του ἢ ζωγραφιά·
στὸ παληομάγαζο ἑνὸς σιδερᾶ ριχμένος,
γρήγορ᾽ ἀπ᾽ τὴν ἐπίπονη δουλειά,
κι ἀπὸ λαϊκὴ κραιπάλη, ταλαιπωρημένη, εἶχε φθαρεῖ.

Days of 1909, '10, and '11

He was the son of a world-weary and impoverished
sailor (from an island in the Aegean Sea).
He was employed by a blacksmith; his clothes were threadbare.
His work shoes were falling to pieces, miserably so.
His hands were filthy from the rust and the grease.

In the evenings, once the shop had closed,
if there was something he was especially keen to have,
a necktie, for example, something on the expensive side,
a necktie he could wear on Sundays,
or if he had set eyes on, and simply had to have,
a lovely deep blue shirt in a shop window,
he'd sell his body for a silver coin or two.

I'm curious to know if, in those bygone days,
splendid Alexandria could boast of a more divine
and perfect youth than this one—this one gone waste:
we haven't a statue or a painting that's been made of him;
this one resigned to the wretched work of a smith,
this one who, in no time at all, will be used up by his work,
and ruined by the exertions of vulgar debauchery.

1929

Μύρης· Ἀλεξάνδρεια τοῦ 340 μ.Χ.

Τὴν συμφορὰ ὅταν ἔμαθα, ποὺ ὁ Μύρης πέθανε,
πῆγα στὸ σπίτι του, μ' ὅλο ποὺ τὸ ἀποφεύγω
νὰ εἰσέρχομαι στῶν Χριστιανῶν τὰ σπίτια,
πρὸ πάντων ὅταν ἔχουν θλίψεις ἢ γιορτές.

Στάθηκα σὲ διάδρομο. Δὲν θέλησα
νὰ προχωρήσω πιὸ ἐντός, γιατὶ ἀντελήφθην
ποὺ οἱ συγγενεῖς τοῦ πεθαμένου μ' ἔβλεπαν
μὲ προφανῆ ἀπορίαν καὶ μὲ δυσαρέσκεια.

Τὸν εἴχανε σὲ μιὰ μεγάλη κάμαρη
ποὺ ἀπὸ τὴν ἄκρην ὅπου στάθηκα
εἶδα κομμάτι· ὅλο τάπητες πολύτιμοι,
καὶ σκεύη ἐξ ἀργύρου καὶ χρυσοῦ.

Στέκομουν κ' ἔκλαια σὲ μιὰ ἄκρη τοῦ διαδρόμου.
Καὶ σκέπτομουν ποὺ ἡ συγκεντρώσεις μας κ' ἡ ἐκδρομὲς
χωρὶς τὸν Μύρη δὲν θ' ἀξίζουν πιὰ
καὶ σκέπτομουν ποὺ πιὰ δὲν θὰ τὸν δῶ
στὰ ὡραῖα κι ἄσεμνα ξενύχτια μας
νὰ χαίρεται, καὶ νὰ γελᾶ, καὶ ν' ἀπαγγέλλει στίχους
μὲ τὴν τελεία του αἴσθησι τοῦ ἑλληνικοῦ ρυθμοῦ·
καὶ σκέπτομουν ποὺ ἔχασα γιὰ πάντα
τὴν ἐμορφιά του, ποὺ ἔχασα γιὰ πάντα
τὸν νέον ποὺ λάτρευα παράφορα.

Κάτι γρηές, κοντά μου, χαμηλὰ μιλοῦσαν γιὰ
τὴν τελευταία μέρα ποὺ ἔζησε—
στὰ χείλη του διαρκῶς τ' ὄνομα τοῦ Χριστοῦ,

Myres; Alexandria, 340 CE

When I heard the dreadful news that Myres had died
I paid a visit to his house, although I generally avoid
setting foot in the houses of the Christians,
especially on occasions of mourning or celebration.

I remained in the outer corridor. I was unwilling
to move deeper into the house, having noticed
that the relations of the deceased were staring at me
with a mixture of confusion and consternation.

They had placed the body in one of the larger rooms,
and from the corner of the corridor where I stood
I could just catch a glimpse of the costly tapestries
and the trappings rendered in silver and gold.

I stood there, in that corner of the corridor, and wept.
And it occurred to me that our parties and excursions
wouldn't be worth the trouble if Myres weren't with us;
and I was reminded that I wouldn't see him again
at our marvelously undignified all-night revels
where he enjoyed himself, and laughed, and recited verses
with his incomparable understanding of Greek rhythm;
and I realized then that I would never again have his beauty,
that I would never again possess
the young man I'd so passionately adored.

A few old women nearby spoke in hushed voices
about the last day of his life—about how
the name of Christ was ever on his lips,

στὰ χέρια του βαστοῦσ' ἕναν σταυρό.—
Μπῆκαν κατόπι μὲς στὴν κάμαρη
τέσσαρες Χριστιανοὶ ἱερεῖς, κ' ἔλεγαν προσευχὲς
ἐνθέρμως καὶ δεήσεις στὸν Ἰησοῦν,
ἢ στὴν Μαρίαν (δὲν ξέρω τὴν θρησκεία τους καλά).

Γνωρίζαμε, βεβαίως, ποὺ ὁ Μύρης ἦταν Χριστιανός.
Ἀπὸ τὴν πρώτην ὥρα τὸ γνωρίζαμε, ὅταν
πρόπερσι στὴν παρέα μας εἶχε μπεῖ.
Μὰ ζοῦσεν ἀπολύτως σὰν κ' ἐμᾶς.
Ἀπ' ὅλους μας πιὸ ἔκδοτος στὲς ἡδονές·
σκορπῶντας ἀφειδῶς τὸ χρῆμα του στὲς διασκεδάσεις.
Γιὰ τὴν ὑπόληψι τοῦ κόσμου ξένοιαστος,
ρίχνονταν πρόθυμα σὲ νύχτιες ρήξεις στὲς ὁδοὺς
ὅταν ἐτύχαινε ἡ παρέα μας
νὰ συναντήσει ἀντίθετη παρέα.
Ποτὲ γιὰ τὴν θρησκεία του δὲν μιλοῦσε.
Μάλιστα μιὰ φορὰ τὸν εἴπαμε
πὼς θὰ τὸν πάρουμε μαζύ μας στὸ Σεράπιον.
Ὅμως σὰν νὰ δυσαρεστήθηκε
μ' αὐτόν μας τὸν ἀστεϊσμό: θυμοῦμαι τώρα.
Ἄ κι ἄλλες δυὸ φορὲς τώρα στὸν νοῦ μου ἔρχονται.
Ὅταν στὸν Ποσειδῶνα κάμναμε σπονδές,
τραβήχθηκε ἀπ' τὸν κύκλο μας, κ' ἔστρεψε ἀλλοῦ τὸ βλέμμα.
Ὅταν ἐνθουσιασμένος ἕνας μας
εἶπεν, Ἡ συντροφιά μας νᾶναι ὑπὸ
τὴν εὔνοιαν καὶ τὴν προστασίαν τοῦ μεγάλου,
τοῦ πανωραίου Ἀπόλλωνος — ψιθύρισεν ὁ Μύρης
(οἱ ἄλλοι δὲν ἄκουσαν) «τῇ ἐξαιρέσει ἐμοῦ».

about how he clutched a cross in his hands.
And then, sometime later, there entered the room
four priests of the Christian faith, reciting
in fervid tones their prayers and pleas to Jesus,
or perhaps to Mary (I know next to nothing about their faith).

We all knew, of course, that Myres was a Christian.
We were aware of it from the very beginning, when
he first joined our group—this being the year before last.
Nevertheless, he lived his life precisely as we did.
Of all our group, he was the most dedicated to pleasure,
squandering his money improvidently on distractions.
He could care less what anyone else might think of him;
he flung himself with complete abandon into night-time scuffles
on those occasions when our group happened to
run into another group, a rival group, in the street.
He never once brought up the subject of his faith.
As a matter of fact, there was one time we asked him
if he would like to accompany us to the Serapeion.
And, as I now remember, he was not in the least
amused by our attempt at drollness.
Ah! And now two more episodes come to mind.
When once we offered libations to Poseidon
he drew away from our gathering and looked elsewhere.
And another time, when one of our group, in his
enthusiasm, proclaimed, "May our group enjoy
the favor and the protection of the exalted
and most splendid Apollo," Myres murmured
(unheard by the others), "Except for me."

Οἱ Χριστιανοὶ ἱερεῖς μεγαλοφώνως
γιὰ τὴν ψυχὴ τοῦ νέου δέονταν.—
Παρατηροῦσα μὲ πόση ἐπιμέλεια,
καὶ μὲ τί προσοχὴν ἐντατικὴ
στοὺς τύπους τῆς θρησκείας τους, ἑτοιμάζονταν
ὅλα γιὰ τὴν χριστιανικὴ κηδεία.
Κ' ἐξαίφνης μὲ κυρίευσε μιὰ ἀλλόκοτη
ἐντύπωσις. Ἀόριστα, αἰσθάνομουν
σὰν νἄφευγεν ἀπὸ κοντά μου ὁ Μύρης·
αἰσθάνομουν ποὺ ἑνώθη, Χριστιανός,
μὲ τοὺς δικούς του, καὶ ποὺ γένομουν
ξ έ ν ο ς ἐγώ, ξ έ ν ο ς π ο λ ύ· ἔνοιωθα κιόλα
μιὰ ἀμφιβολία νὰ μὲ σιμώνει: μήπως κ' εἶχα γελασθεῖ
ἀπὸ τὸ πάθος μου, καὶ π ά ν τ α τοῦ ἤμουν ξένος.—
Πετάχθηκα ἔξω ἀπ' τὸ φρικτό τους σπίτι,
ἔφυγα γρήγορα πρὶν ἁρπαχθεῖ, πρὶν ἀλλοιωθεῖ
ἀπ' τὴν χριστιανοσύνη τους ἡ θύμηση τοῦ Μύρη.

The Christian priests were praying in loud
voices for the soul of the young man.
I couldn't help noticing the intensity of
their meticulous attentiveness to their
religion's rituals as they doted on
every detail for the Christian burial.
And then, all of a sudden, a curious notion
took hold of my thoughts: in some strange way I felt
as though Myres was pulling away from me;
it felt as though he, as a Christian, was merging with
those of his own kind, and that I, as a result, was becoming
a stranger, a total stranger. I even began to feel
a doubt coming over me: perhaps I had allowed my passion
to thoroughly delude me; perhaps I'd always been a stranger to him.
I instantly fled from that dreadful place,
eager to escape before they snatched away, and corrupted
with their Christianity, my memories of Myres.

Ἀλέξανδρος Ἰανναῖος, καὶ Ἀλεξάνδρα

Ἐπιτυχεῖς καὶ πλήρως ἱκανοποιημένοι,
ὁ βασιλεὺς Ἀλέξανδρος Ἰανναῖος,
κ' ἡ σύζυγός του ἡ βασίλισσα Ἀλεξάνδρα
περνοῦν μὲ προπορευομένην μουσικὴν
καὶ μὲ παντοίαν μεγαλοπρέπειαν καὶ χλιδήν,
περνοῦν ἀπ' τὲς ὁδοὺς τῆς Ἱερουσαλήμ.

Ἐτελεσφόρησε λαμπρῶς τὸ ἔργον
ποὺ ἄρχισαν ὁ μέγας Ἰούδας Μακκαβαῖος
κ' οἱ τέσσαρες περιώνυμοι ἀδελφοί του·
καὶ ποὺ μετὰ ἀνενδότως συνεχίσθη ἐν μέσῳ
πολλῶν κινδύνων καὶ πολλῶν δυσχερειῶν.
Τώρα δὲν ἔμεινε τίποτε τὸ ἀνοίκειον.
Ἔπαυσε κάθε ὑποταγὴ στοὺς ἀλαζόνας
μονάρχας τῆς Ἀντιοχείας. Ἰδοὺ
ὁ βασιλεὺς Ἀλέξανδρος Ἰανναῖος,
κ' ἡ σύζυγός του ἡ βασίλισσα Ἀλεξάνδρα
καθ' ὅλα ἴσοι πρὸς τοὺς Σελευκίδας.
Ἰουδαῖοι καλοί, Ἰουδαῖοι ἁγνοί, Ἰουδαῖοι πιστοὶ — πρὸ πάντων.
Ἀλλά, καθὼς ποὺ τὸ ἀπαιτοῦν ἡ περιστάσεις,
καὶ τῆς ἑλληνικῆς λαλιᾶς εἰδήμονες·
καὶ μ' Ἕλληνας καὶ μ' ἑλληνίζοντας
μονάρχας σχετισμένοι— πλὴν σὰν ἴσοι, καὶ ν' ἀκούεται.
Τωόντι ἐτελεσφόρησε λαμπρῶς,
ἐτελεσφόρησε περιφανῶς
τὸ ἔργον ποὺ ἄρχισαν ὁ μέγας Ἰούδας Μακκαβαῖος
κ' οἱ τέσσαρες περιώνυμοι ἀδελφοί του.

Alexandros Iannaios and Alexandra

Flush with success and truly content,
the King Alexandros Iannaios
and his consort the Queen Alexandra
pass with all manner of splendor and luxury
through the streets of Jerusalem,
a fanfare of music leading the way.
The strategy established by Judas Maccabaeus
with his four celebrated brothers—that which
was thereafter pursued so assiduously, despite
the countless perils and numerous problems—
has now been marvelously realized.
Now nothing remains that might be considered unseemly.
Every aspect of submission to the self-important
Antiochian monarchs has been eliminated.
Behold then the King Alexandros Iannaios,
and his consort the Queen Alexandra:
they are the equals of the Selefkids in every way.
Good Jews, authentic Jews, faithful Jews—above all.
Nevertheless, when the situation calls for it,
they summon a fluent command of the Greek language,
and are even on friendly terms with Greek and Hellenized
monarchs—as equals, however, it must be noted.
Indeed, the strategy established by Judas Maccabaeus
with his four celebrated brothers has now,
truly, been marvelously realized.
It has, indeed, been concluded brilliantly.

Ὡραῖα λουλούδια κι ἄσπρα ὡς ταίριαζαν πολὺ

Μπῆκε στὸ καφενεῖο   ὅπου ἐπήγαιναν μαζύ.—
Ὁ φίλος του ἐδῶ   πρὸ τριῶ μηνῶν τοῦ εἶπε,
«Δὲν ἔχουμε πεντάρα.   Δυὸ πάμπτωχα παιδιὰ
ἤμεθα — ξεπεσμένοι   στὰ κέντρα τὰ φθηνά.
Στὸ λέγω φανερά,   μὲ σένα δὲν μπορῶ
νὰ περπατῶ. Ἕνας ἄλλος,   μάθε το, μὲ ζητεῖ».
Ὁ ἄλλος τοῦ εἶχε τάξει   δυὸ φορεσιὲς καὶ κάτι
μεταξωτὰ μαντήλια.—   Γιὰ νὰ τὸν ξαναπάρει
ἐχάλασε τὸν κόσμο,   καὶ βρῆκε εἴκοσι λίρες.
Ἦλθε ξανὰ μαζύ του   γιὰ τὲς εἴκοσι λίρες·
μὰ καί, κοντὰ σ' αὐτές,   γιὰ τὴν παληὰ φιλία,
γιὰ τὴν παληὰν ἀγάπη,   γιὰ τὸ βαθὺ αἴσθημά των.—
Ὁ «ἄλλος» ἦταν ψεύτης,   παληόπαιδο σωστό·
μιὰ φορεσιὰ μονάχα   τοῦ εἶχε κάμει, καὶ
μὲ τὸ στανιὸ καὶ τούτην,   μὲ χίλια παρακάλια.

Μὰ τώρα πιὰ δὲν θέλει   μήτε τὲς φορεσιές,
καὶ μήτε διόλου τὰ   μεταξωτὰ μαντήλια,
καὶ μήτε εἴκοσι λίρες,   καὶ μήτε εἴκοσι γρόσια.

Τὴν Κυριακὴ τὸν θάψαν,   στὲς δέκα τὸ πρωΐ.
Τὴν Κυριακὴ τὸν θάψαν: πάει ἑβδομὰς σχεδόν.

Στὴν πτωχική του κάσα   τοῦ ἔβαλε λουλούδια,
ὡραῖα λουλούδια κι ἄσπρα   ὡς ταίριαζαν πολὺ
στὴν ἐμορφιά του καὶ   στὰ εἴκοσι δυό του χρόνια.

Ὅταν τὸ βράδυ ἐπῆγεν—   ἔτυχε μιὰ δουλειά,
μιὰ ἀνάγκη τοῦ ψωμιοῦ του—   στὸ καφενεῖον ὅπου

Lovely White Flowers, So Very Becoming

He went into the café   where they used to go together.
Where three months before   his friend had said,
"We've no money between us.   We're two flat-broke
boys, reduced to   haunting cheap establishments.
I don't like to say this,   but I can no longer go around
with you. Another,   you should know, desires me."
The "other" promised him   two new suits of clothes and
a few silk handkerchiefs.   Afterward he spared no effort
to win him back,   and finally found twenty pounds.
The other returned to him   for the twenty pounds, yes;
but also, it should be said,   for their old companionship,
for the old love they felt,   for the depths of their passion.
The "someone else" was a liar,   a real bastard;
he'd bought him just   a single tailored suit—and
even then only reluctantly   after endless pleading.

But now he no longer   wants the tailored suits,
nor does he want   the silk handkerchiefs,
nor even the twenty pounds,   nor even twenty pennies.

They buried him on Sunday,   at ten in the morning.
They buried him on Sunday: now nearly a week ago.

On the simple casket   he lay the flowers.
Lovely white flowers   so very becoming
to his beauty and his   twenty-two years.

When that evening he went—   he had business to attend to,
he had to earn a living, after all—   to the café, where

ἐπήγαιναν μαζύ: μαχαῖρι στὴν καρδιά του
τὸ μαῦρο καφενεῖο   ὅπου ἐπήγαιναν μαζύ.

they used to go together: it was like a knife in his heart,
this desolate café,   where they used to go together.

Άγε ὦ βασιλεῦ Λακεδαιμονίων

Δὲν καταδέχονταν ἡ Κρατησίκλεια
ὁ κόσμος νὰ τὴν δεῖ νὰ κλαίει καὶ νὰ θρηνεῖ·
καὶ μεγαλοπρεπὴς ἐβάδιζε καὶ σιωπηλή.
Τίποτε δὲν ἀπόδειχνε ἡ ἀτάραχη μορφή της
ἀπ' τὸν καϋμὸ καὶ τὰ τυράννια της.
Μὰ ὅσο καὶ νᾶναι μιὰ στιγμὴ δὲν βάσταξε·
καὶ πρὶν στὸ ἄθλιο πλοῖο μπεῖ νὰ πάει στὴν Ἀλεξάνδρεια,
πῆρε τὸν υἱό της στὸν ναὸ τοῦ Ποσειδῶνος,
καὶ μόνοι σὰν βρεθῆκαν τὸν ἀγκάλιασε
καὶ τὸν ἀσπάζονταν, «διαλγοῦντα», λέγει
ὁ Πλούταρχος, «καὶ συντεταραγμένον».
Ὅμως ὁ δυνατός της χαρακτὴρ ἐπάσχισε·
καὶ συνελθοῦσα ἡ θαυμασία γυναῖκα
εἶπε στὸν Κλεομένη «Άγε ὦ βασιλεῦ
Λακεδαιμονίων, ὅπως, ἐπὰν ἔξω
γενώμεθα, μηδεὶς ἴδῃ δακρύοντας
ἡμᾶς μηδὲ ἀνάξιόν τι τῆς Σπάρτης
ποιοῦντας. Τοῦτο γὰρ ἐφ' ἡμῖν μόνον·
αἱ τύχαι δέ, ὅπως ἂν ὁ δαίμων διδῷ, πάρεισι».

Καὶ μὲς στὸ πλοῖο μπῆκε, πιαίνοντας πρὸς τὸ «διδῷ».

Come, O King of the Lacedaemonians

Kratesikleia was not about to allow
the people to see her in tears and in mourning;
she held herself regally as she walked in silence.
In her face, in her self-composure she betrayed
nothing of her overwhelming sorrow and pain.
And yet, at a certain point she could no longer hold up;
and just before she boarded that shameful ship for Alexandria,
she accompanied her son to the temple of Poseidon,
and only when they were alone there did she embrace him
and cover him in kisses, "in great pain,"
Plutarch tells us, "and extremely agitated."
Nevertheless, her powerful spirit labored on;
and, regaining her composure, this splendid woman
said to Kleomenes, "Come, O King of the
Lacedaemonians, when finally we leave this place
let no person bear witness to our weeping,
nor to any behavior that may be deemed unworthy
of Sparta. Let this be a matter strictly between us;
and as for our destiny, let us trust in the gods' will."

And she boarded the ship, headed toward that "will."

Στὸν ἴδιο χῶρο

Οἰκίας περιβάλλον, κέντρων, συνοικίας
ποὺ βλέπω κι ὅπου περπατῶ· χρόνια καὶ χρόνια.

Σὲ δημιούργησα μὲς σὲ χαρὰ καὶ μὲς σὲ λύπες:
μὲ τόσα περιστατικά, μὲ τόσα πράγματα.

Κ' αἰσθηματοποιήθηκες ὁλόκληρο, γιὰ μένα.

In the Same Space

In the surroundings of home, of nightclubs, and neighborhoods
which I've seen and where I've walked—for year upon year:

I have created you at times in joy and at times in sorrow,
out of so many experiences, out of so many occurrences.

And you, the whole of you, have become utter feeling for me.

1930

Ὁ καθρέπτης στὴν εἴσοδο

Τὸ πλούσιο σπίτι εἶχε στὴν εἴσοδο
ἕναν καθρέπτη μέγιστο, πολὺ παλαιό·
τουλάχιστον πρὸ ὀγδόντα ἐτῶν ἀγορασμένο.

Ἕνα ἐμορφότατο παιδί, ὑπάλληλος σὲ ράπτη
(τὲς Κυριακές, ἐρασιτέχνης ἀθλητής),
στέκονταν μ' ἕνα δέμα. Τὸ παρέδοσε
σὲ κάποιον τοῦ σπιτιοῦ, κι αὐτὸς τὸ πῆγε μέσα
νὰ φέρει τὴν ἀπόδειξι. Ὁ ὑπάλληλος τοῦ ράπτη
ἔμεινε μόνος, καὶ περίμενε.
Πλησίασε στὸν καθρέπτη καὶ κυττάζονταν
κ' ἔσιαζε τὴν κραβάτα του. Μετὰ πέντε λεπτὰ
τοῦ φέραν τὴν ἀπόδειξι. Τὴν πῆρε κ' ἔφυγε.

Μὰ ὁ παλαιὸς καθρέπτης ποὺ εἶχε δεῖ καὶ δεῖ,
κατὰ τὴν ὕπαρξίν του τὴν πολυετῆ,
χιλιάδες πράγματα καὶ πρόσωπα·
μὰ ὁ παλαιὸς καθρέπτης τώρα χαίρονταν,
κ' ἐπαίρονταν ποὺ εἶχε δεχθεῖ ἐπάνω του
τὴν ἄρτιαν ἐμορφιὰ γιὰ μερικὰ λεπτά.

The Mirror in the Hallway

The prosperous home had a massive
mirror in its entry hall, a very old mirror,
likely acquired more than eighty years before.

A beautiful young man, a tailor's assistant
(and on Sundays an amateur athlete),
waited there, holding a package. He gave it
to a member of the household, who took it inside
to fetch a receipt. The tailor's assistant
was left there alone, was left there to wait.
He went up to the mirror, and took a look at himself,
and straightened his necktie. Five minutes later
someone returned with the receipt. He took it and left.

But the old mirror that had witnessed so much
in the long, long years of its existence—
thousands of things and thousands of faces—
now the old mirror was bursting with pleasure
and swollen with pride that it had encountered,
if only for few minutes, such an ideal beauty.

Ρωτοῦσε γιὰ τὴν ποιότητα—

Ἀπ' τὸ γραφεῖον ὅπου εἶχε προσληφθεῖ
σὲ θέση ἀσήμαντη καὶ φθηνοπληρωμένη
(ὡς ὀκτὼ λίρες τὸ μηνιάτικό του: μὲ τὰ τυχερὰ)
βγῆκε σὰν τέλεψεν ἡ ἔρημη δουλειὰ
ποὺ ὅλο τὸ ἀπόγευμα ἦταν σκυμένος:
βγῆκεν ἡ ὥρα ἑπτά, καὶ περπατοῦσε ἀργὰ
καὶ χάζευε στὸν δρόμο.— Ἔμορφος·
κ' ἐνδιαφέρων: ἔτσι ποὺ ἔδειχνε φθασμένος
στὴν πλήρη του αἰσθησιακὴν ἀπόδοσι.
Τὰ εἴκοσι ἐννιά, τὸν περασμένο μῆνα τὰ εἶχε κλείσει.

Ἐχάζευε στὸν δρόμο, καὶ στὲς πτωχικὲς
παρόδους ποὺ ὁδηγοῦσαν πρὸς τὴν κατοικία του.

Περνῶντας ἐμπρὸς σ' ἕνα μαγαζὶ μικρὸ
ὅπου πουλιούνταν κάτι πράγματα
ψεύτικα καὶ φθηνὰ γιὰ ἐργατικούς,
εἶδ' ἐκεῖ μέσα ἕνα πρόσωπο, εἶδε μιὰ μορφὴ
ὅπου τὸν ἔσπρωξαν καὶ εἰσῆλθε, καὶ ζητοῦσε
τάχα νὰ δεῖ χρωματιστὰ μαντήλια.

Ρωτοῦσε γιὰ τὴν ποιότητα τῶν μαντηλιῶν
καὶ τί κοστίζουν μὲ φωνὴ πνιγμένη,
σχεδὸν σβυσμένη ἀπ' τὴν ἐπιθυμία.
Κι ἀνάλογα ἦλθαν ἡ ἀπαντήσεις,
ἀφηρημένες, μὲ φωνὴ χαμηλωμένη,
μὲ ὑπολανθάνουσα συναίνεσι.

He Asked About the Quality—

He left the office, where he'd been hired
for a poorly-paid and meaningless clerical position
(his salary only eight pounds, bonuses included).
He left the office when the vile work-day had ended,
a work-day that had kept him stooped over all afternoon.
He left the office at seven o'clock, and made his way slowly,
casually down the street. He was good-looking;
he had a certain something; he looked as though he'd
arrived at the summit of his sensual powers.
He'd turned twenty-nine just a month earlier.

He made his way casually down the street, and then
along seedy by-ways as he headed for home.

Passing by a small shop that advertised
cheap and flimsy goods for working folk,
he saw a face through the window, he saw a figure
that compelled him to go in, so he pretended
that he wanted to see some colored handkerchiefs.

He asked about the quality of the handkerchiefs,
and how much they would cost him, in a strangled voice,
rendered nearly unhearable by the force of his desire.
And the answers came back to him in much the same way,
vaguely, distractedly, in a low voice,
carrying with them a barely-concealed consent.

Ὅλο καὶ κάτι ἔλεγαν γιὰ τὴν πραγμάτεια — ἀλλὰ
μόνος σκοπός: τὰ χέρια των ν᾽ ἀγγίζουν
ἐπάνω ἀπ᾽ τὰ μαντήλια· νὰ πλησιάζουν
τὰ πρόσωπα, τὰ χείλη σὰν τυχαίως·
μιὰ στιγμιαία στὰ μέλη ἐπαφή.

Γρήγορα καὶ κρυφά, γιὰ νὰ μὴ νοιώσει
ὁ καταστηματάρχης ποὺ στὸ βάθος κάθονταν.

They talked on and on about the merchandise—yet
their real intention was for their hands to meet
over the handkerchiefs, and for their faces
to draw close, perhaps their lips, by chance—
a momentary meeting of limb with limb.

Quickly, on the sly, so that the shopkeeper
who sat at the back of the shop wouldn't catch on.

Ἄς φρόντιζαν

Κατήντησα σχεδὸν ἀνέστιος καὶ πένης.
Αὐτὴ ἡ μοιραία πόλις, ἡ Ἀντιόχεια
ὅλα τὰ χρήματά μου τἄφαγε:
αὐτὴ ἡ μοιραία μὲ τὸν δαπανηρό της βίο.

Ἀλλὰ εἶμαι νέος καὶ μὲ ὑγείαν ἀρίστην.
Κάτοχος τῆς ἑλληνικῆς θαυμάσιος
(ξέρω καὶ παραξέρω Ἀριστοτέλη, Πλάτωνα·
τί ῥήτορας, τί ποιητάς, τί ὅ,τι κι ἂν πεῖς).
Ἀπὸ στρατιωτικὰ ἔχω μιὰν ἰδέα,
κ' ἔχω φιλίες μὲ ἀρχηγοὺς τῶν μισθοφόρων.
Εἶμαι μπασμένος κάμποσο καὶ στὰ διοικητικά.
Στὴν Ἀλεξάνδρεια ἔμεινα ἕξι μῆνες, πέρσι·
κάπως γνωρίζω (κ' εἶναι τοῦτο χρήσιμον) τὰ ἐκεῖ:
τοῦ Κακεργέτη βλέψεις, καὶ παληανθρωπιές, καὶ τὰ λοιπά.

Ὅθεν φρονῶ πὼς εἶμαι στὰ γεμάτα
ἐνδεδειγμένος γιὰ νὰ ὑπηρετήσω αὐτὴν τὴν χώρα,
τὴν προσφιλῆ πατρίδα μου Συρία.

Σ' ὅ,τι δουλειὰ μὲ βάλλουν θὰ πασχίσω
νὰ εἶμαι στὴν χώρα ὀφέλιμος. Αὐτὴ εἶν' ἡ πρόθεσίς μου.
Ἂν πάλι μ' ἐμποδίσουνε μὲ τὰ συστήματά τους—
τοὺς ξέρουμε τοὺς προκομένους: νὰ τὰ λέμε τώρα;
ἂν μ' ἐμποδίσουνε, τί φταίω ἐγώ.

Θ' ἀπευθυνθῶ πρὸς τὸν Ζαβίνα πρῶτα,
κι ἂν ὁ μωρὸς αὐτὸς δὲν μ' ἐκτιμήσει,
θὰ πάγω στὸν ἀντίπαλό του, τὸν Γρυπό.

They Should Have Thought

I am facing destitution and starvation.
This deadly city of Antioch
completely devoured all my money,
this deadly city, with its expensive life.

But I'm still young and in excellent health.
I've an admirable command of Greek
(I know Aristotle and Plato like the back of my hand;
not to mention the orators and poets and what-have-you).
I'm not unfamiliar with military matters,
I have acquaintances among the mercenary chiefs,
and am what you might call an insider in the administration.
Just last year I spent six months in Alexandria;
so I'm aware (and this can come in handy) of what goes on there:
the scheming of Kakegertes, his dirty dealings, and so on.

I think of myself, therefore, as more than a little
qualified to offer my services to this country,
to serve my beloved fatherland, Syria.

In whatever position they find for me I'll make
every effort to be of help to my country. That's my intention.
But if they manage to undo me with their intrigues—
we all know how they operate, no need to say more—
if they manage to undo me? Well, it won't be my fault.

First off, I'll offer my services to Zabinas.
And if that jackass doesn't appreciate me,
I'll make myself available to his rival, Grypos.

Κι ἂν ὁ ἠλίθιος κι αὐτὸς δὲν μὲ προσλάβει,
πηγαίνω παρευθὺς στὸν Ὑρκανό.

Θὰ μὲ θελήσει πάντως ἕνας ἀπ' τοὺς τρεῖς.

Κ' Εἶν' ἡ συνείδησίς μου ἥσυχη
γιὰ τὸ ἀψήφιστο τῆς ἐκλογῆς.
Βλάπτουν κ' οἱ τρεῖς τους τὴν Συρία τὸ ἴδιο.

Ἀλλά, κατεστραμένος ἄνθρωπος, τί φταίω ἐγώ.
Ζητῶ ὁ ταλαίπωρος νὰ μπαλωθῶ.
Ἄς φρόντιζαν οἱ κραταιοὶ θεοὶ
νὰ δημιουργήσουν ἕναν τέταρτο καλό.
Μετὰ χαρᾶς θὰ πήγαινα μ' αὐτόν.

And if that halfwit doesn't offer me an appointment,
I'll take myself without delay to Hyrkanos.

In any event, one of the three is bound to want me.

As for my conscience, it's not in the least troubled
by my lack of concern for which one I choose.
The three of them are equally bad for Syria.

But I, a ruined man, cannot be held to account.
All I'm trying to do is to get back on my feet again.
The almighty gods, in their wisdom, should have thought
to create a fourth one, one who might have made a difference.
To him I would have happily allied myself.

1931

Κατὰ τὲς συνταγὲς ἀρχαίων Ἑλληνοσύρων μάγων

«Ποιὸ ἀπόσταγμα νὰ βρίσκεται ἀπὸ βότανα
γητεύματος», εἶπ' ἕνας αἰσθητής,
«ποιὸ ἀπόσταγμα κατὰ τὲς συνταγὲς
ἀρχαίων Ἑλληνοσύρων μάγων καμωμένο
ποὺ γιὰ μιὰ μέρα (ἂν περισσότερο
δὲν φθάν' ἡ δύναμίς του), ἢ καὶ γιὰ λίγην ὥρα
τὰ εἴκοσι τρία μου χρόνια νὰ μὲ φέρει
ξανά· τὸν φίλον μου στὰ εἴκοσι δυό του χρόνια
νὰ μὲ φέρει ξανὰ— τὴν ἐμορφιά του, τὴν ἀγάπη του.

»Ποιὸ ἀπόσταγμα νὰ βρίσκεται κατὰ τὲς συνταγὲς
ἀρχαίων Ἑλληνοσύρων μάγων καμωμένο
ποὺ, σύμφωνα μὲ τὴν ἀναδρομήν,
καὶ τὴν μικρή μας κάμαρη νὰ ἐπαναφέρει.»

According to the Formulae
of Graeco-Syrian Alchemists

"What botanical essence might be found
for conjuration," asked an esthete, "what
extract, distilled according to the formulae
of ancient Graeco-Syrian alchemists, will
for one day (if its potency doesn't last longer),
or even for one hour, restore me to my
twenty-third year, and return to me my friend
when he was twenty-two—his beauty and his love?

"What essence might be found, distilled according
to the formulae of ancient Graeco-Syrian
alchemists, which will once more revive for me
the modest room we once shared?"

Στὰ 200 π.Χ.

«Ἀλέξανδρος Φιλίππου καὶ οἱ Ἕλληνες πλὴν Λακεδαιμονίων—»

Μποροῦμε κάλλιστα νὰ φαντασθοῦμε
πὼς θ' ἀδιαφόρησαν παντάπασι στὴν Σπάρτη
γιὰ τὴν ἐπιγραφὴν αὐτή. «Πλὴν Λακεδαιμονίων»,
μὰ φυσικά. Δὲν ἦσαν οἱ Σπαρτιᾶται
γιὰ νὰ τοὺς ὁδηγοῦν καὶ γιὰ νὰ τοὺς προστάζουν
σὰν πολυτίμους ὑπηρέτας. Ἄλλωστε
μιὰ πανελλήνια ἐκστρατεία χωρὶς
Σπαρτιάτη βασιλέα γι' ἀρχηγὸ
δὲν θὰ τοὺς φαίνονταν πολλῆς περιωπῆς.
Ἆ βεβαιότατα «πλὴν Λακεδαιμονίων».

Εἶναι κι αὐτὴ μιὰ στάσις. Νοιώθεται.

Ἔτσι, πλὴν Λακεδαιμονίων στὸν Γρανικό·
καὶ στὴν Ἰσσὸ μετά· καὶ στὴν τελειωτικὴ
τὴν μάχη, ὅπου ἐσαρώθη ὁ φοβερὸς στρατὸς
ποὺ στ' Ἄρβηλα συγκέντρωσαν οἱ Πέρσαι:
ποὺ ἀπ' τ' Ἄρβηλα ξεκίνησε γιὰ νίκην, κ' ἐσαρώθη.

Κι ἀπ' τὴν θαυμάσια πανελλήνιαν ἐκστρατεία,
τὴν νικηφόρα, τὴν περίλαμπρη,
τὴν περιλάλητη, τὴν δοξασμένη
ὡς ἄλλη δὲν δοξάσθηκε καμιά,
τὴν ἀπαράμιλλη: βγήκαμ' ἐμεῖς·
ἑλληνικὸς καινούριος κόσμος, μέγας.

In the Year 200 BCE

"Alexander, son of Philip, and the Greeks, except the Lacedaemonians—"

It's very easy to imagine everyone in Sparta
not giving a damn about that part of the inscription:
"except the Lacedaemonians." It's only natural.
The Spartans would never agree to be led about
and ordered around as if they were nothing more than
a bunch of well-paid servants. In any event,
a Panhellenic expedition being organized
without a Spartan king as its commander-in-chief
would certainly not be something to take too seriously.
So then, most assuredly: "except the Lacedaemonians."

That's certainly a stance. It's understandable.

And so, therefore, except the Lacedaemonians, at Granikos
and, after that, at Issos and, after that, in the final battle,
where the fearsome army that the Persians had assembled
at Arvela was totally and completely destroyed:
they set out to win at Arvela, but were totally destroyed.

And out of that magnificent Panhellenic expedition,
victorious, brilliant in every sense of the word,
universally celebrated, and fittingly glorified
as none other had ever been glorified before,
this matchless expedition, we emerged:
a vast, freshly-minted Hellenic world.

Ἐμεῖς· οἱ Ἀλεξανδρεῖς, οἱ Ἀντιοχεῖς,
οἱ Σελευκεῖς, κ' οἱ πολυάριθμοι
ἐπίλοιποι Ἕλληνες Αἰγύπτου καὶ Συρίας,
κ' οἱ ἐν Μηδίᾳ, κ' οἱ ἐν Περσίδι, κι ὅσοι ἄλλοι.
Μὲ τὲς ἐκτεταμένες ἐπικράτειες,
μὲ τὴν ποικίλη δρᾶσι τῶν στοχαστικῶν προσαρμογῶν.
Καὶ τὴν Κοινὴν Ἑλληνικὴ Λαλιὰ
ὡς μέσα στὴν Βακτριανὴ τὴν πήγαμεν, ὡς τοὺς Ἰνδούς.

Γιὰ Λακεδαιμονίους νὰ μιλοῦμε τώρα!

We, the Alexandrians and the Antiochians,
the Selefkians, and the diverse sorts of other
Greeks, those of Egypt and those of Syria,
those of Media and those of Persia, and many others.
With our far-reaching territories,
and our diverse policies of judicious integration,
and the common Greek language,
which we carried as far as Baktria, and even to India.

Who gives a damn about the Lacedaemonians!

1932

Μέρες τοῦ 1908

Τὸν χρόνο ἐκεῖνον βρέθηκε χωρὶς δουλειά·
καὶ συνεπῶς ζοῦσεν ἀπ' τὰ χαρτιά,
ἀπὸ τὸ τάβλι, καὶ τὰ δανεικά.

Μιὰ θέσις, τριῶ λιρῶν τὸν μῆνα, σὲ μικρὸ
χαρτοπωλεῖον τοῦ εἶχε προσφερθεῖ.
Μὰ τὴν ἀρνήθηκε, χωρὶς κανένα δισταγμό.
Δὲν ἔκανε. Δὲν ἤτανε μισθὸς γι' αὐτόν,
νέον μὲ γράμματ' ἀρκετά, καὶ εἴκοσι πέντ' ἐτῶν.

Δυό, τρία σελίνια τὴν ἡμέρα κέρδιζε, δὲν κέρδιζε.
Ἀπὸ χαρτιὰ καὶ τάβλι τί νὰ βγάλει τὸ παιδί,
στὰ καφενεῖα τῆς σειρᾶς του, τὰ λαϊκά,
ὅσο κι ἂν ἔπαιζ' ἔξυπνα, ὅσο κι ἂν διάλεγε κουτούς.
Τὰ δανεικά, αὐτὰ δὰ ἦσαν κ' ἦσαν.
Σπάνια τὸ τάλληρο εὕρισκε, τὸ πιὸ συχνὰ μισό,
κάποτε ξέπεφτε καὶ στὸ σελίνι.

Καμιὰ ἐβδομάδα, ἐνίοτε πιὸ πολύ,
σὰν γλύτωνεν ἀπ' τὸ φρικτὸ ξενύχτι,
δροσίζονταν στὰ μπάνια, στὸ κολύμβι τὸ πρωΐ.

Τὰ ροῦχα του εἶχαν ἕνα χάλι τρομερό.
Μιὰ φορεσιὰ τὴν ἴδια πάντοτ' ἔβαζε, μιὰ φορεσιὰ
πολὺ ξεθωριασμένη κανελιά.

Ἄ μέρες τοῦ καλοκαιριοῦ τοῦ ἐννιακόσια ὀκτώ,
ἀπ' τὸ εἴδωμά σας, καλαισθητικά,
ἔλειψ' ἡ κανελιὰ ξεθωριασμένη φορεσιά.

Days of 1908

That was the year he found himself out of work;
so he lived off his earnings from playing cards
and backgammon, or else on borrowed money.

He was offered a job, with a salary of three pounds
a month, in a modest stationery shop,
but he turned it down without a second thought.
It just wouldn't do. This was not the salary for him,
a well-read young man of twenty-five.

He won two, perhaps three shillings a day—when he won.
How much more could he expect to make playing cards
and backgammon in the shoddy neighborhood cafés,
no matter how shrewd his game, no matter how inept his opponents?
The money he borrowed—well, that was even worse.
On very rare occasions he might find five shillings, sometimes half that;
At other times he found himself with nothing more than a shilling.

Once a week, and more often if he could find the means,
if he had managed to escape the depredations of an all-night game,
he'd take himself off to the baths, and cool himself with a morning swim.

His clothes were in the most unspeakable condition,
he always wore the one suit he owned, a dismally
faded suit that was the color of cinnamon.

O summer days of nineteen hundred and eight,
from your image is missing, for beauty's sake,
the dismally faded cinnamon-colored suit.

Τὸ εἴδωμά σας τὸν ἐφύλαξε
ὅταν ποὺ τἄβγαζε, ποὺ τἄριχνε ἀπὸ πάνω του,
τ' ἀνάξια ροῦχα, καὶ τὰ μπαλωμένα ἐσώρουχα.
Κ' ἔμενε ὁλόγυμνος· ἄψογα ὡραῖος· ἕνα θαῦμα.
Ἀχτένιστα, ἀνασηκωμένα τὰ μαλλιά του·
τὰ μέλη του ἡλιοκαμένα λίγο
ἀπὸ τὴν γύμνια τοῦ πρωϊοῦ στὰ μπάνια, καὶ στὴν παραλία.

Your image has preserved him thus: throwing off
the worthless clothes and the mended underwear,
standing there perfectly naked, impeccably beautiful,
truly marvelous. His hair uncombed and swept up a bit,
his limbs ever so slightly darkened by the sun,
by a morning of nakedness at the baths and at the beach.

1933?

Εἰς τὰ περίχωρα τῆς Ἀντιοχείας

Σαστίσαμε στὴν Ἀντιόχειαν ὅταν μάθαμε
τὰ νέα καμώματα τοῦ Ἰουλιανοῦ.

Ὁ Ἀπόλλων ἐξηγήθηκε μὲ λόγου του, στὴν Δάφνη!
Χρησμὸ δὲν ἤθελε νὰ δόσει (σκοτισθήκαμε!),
σκοπὸ δὲν τὄχε νὰ μιλήσει μαντικῶς, ἂν πρῶτα
δὲν καθαρίζονταν τὸ ἐν Δάφνῃ τέμενός του.
Τὸν ἐνοχλοῦσαν, δήλωσεν, οἱ γειτονεύοντες νεκροί.

Στὴν Δάφνη βρίσκονταν τάφοι πολλοί.—
Ἕνας ἀπ' τοὺς ἐκεῖ ἐνταφιασμένους
ἦταν ὁ θαυμαστός, τῆς ἐκκλησίας μας δόξα,
ὁ ἅγιος, ὁ καλλίνικος μάρτυς Βαβύλας.

Αὐτὸν αἰνίττονταν, αὐτὸν φοβοῦνταν ὁ ψευτοθεός.
Ὅσο τὸν ἔνοιωθε κοντὰ δὲν κόταε
νὰ βγάλει τοὺς χρησμούς του· τσιμουδιά.
(Τοὺς τρέμουνε τοὺς μάρτυράς μας οἱ ψευτοθεοί.)

Ἀνασκουμπώθηκεν ὁ ἀνόσιος Ἰουλιανός,
νεύριασε καὶ ξεφώνιζε: «Σηκῶστε, μεταφέρτε τον,
βγάλτε τον τοῦτον τὸν Βαβύλα ἀμέσως.
Ἀκοῦς ἐκεῖ; Ὁ Ἀπόλλων ἐνοχλεῖται.
Σηκῶστε τον, ἁρπάξτε τον εὐθύς.
Ξεθάψτε τον, πάρτε τον ὅπου θέτε.
Βγάλτε τον, διῶξτε τον. Παίζουμε τώρα;
Ὁ Ἀπόλλων εἶπε νὰ καθαρισθεῖ τὸ τέμενος.»

In the Outskirts of Antioch

We in Antioch were dumbfounded to learn
of Julian's most recent mischief-making.

Apollo had set him straight at Daphne:
he didn't intend to give an oracle (as if we cared!)
he had no intention of speaking prophetically
until we got around to purifying his temple at Daphne.
The dead nearby were beginning to annoy him, he said.

There were many, many burial sites at Daphne.
Among those who had been buried there was
the marvelous, the splendor of our church,
the triumphant and saintly Martyr Vavylas.

It was him the false god meant, him he feared.
Sensing him so close at hand he didn't dare
proclaim his oracular visions—he held his tongue.
(They are frightened by our martyrs, these fake gods).
The iniquitous Julian worked himself into a lather,

and in his exasperation he shouted, "Dig him up,
pick him up, get this Vavylas out of here, now!
Do you see what's happening? Apollo's annoyed.
Disinter him, just put him anywhere but here!
Get him out of here, lose him! Do you think this is a joke?
Apollo's made it clear: his temple has to be purified."

1933;

Τὸ πήραμε, τὸ πήγαμε τὸ ἅγιο λείψανον ἀλλοῦ·
τὸ πήραμε, τὸ πήγαμε ἐν ἀγάπῃ κ' ἐν τιμῇ.

Κι ὡραῖα τωόντι πρόκοψε τὸ τέμενος.
Δὲν ἄργησε καθόλου, καὶ φωτιὰ
μεγάλη κόρωσε: μιὰ φοβερὴ φωτιά:
καὶ κάηκε καὶ τὸ τέμενος κι ὁ Ἀπόλλων.

Στάχτη τὸ εἴδωλο· γιὰ σάρωμα, μὲ τὰ σκουπίδια.

Ἔσκασε ὁ Ἰουλιανὸς καὶ διέδοσε—
τί ἄλλο θὰ ἔκαμνε— πὼς ἡ φωτιὰ ἦταν βαλτὴ
ἀπὸ τοὺς Χριστιανοὺς ἐμᾶς. Ἂς πάει νὰ λέει.
Δὲν ἀποδείχθηκε· ἂς πάει νὰ λέει.
Τὸ οὐσιῶδες εἶναι ποὺ ἔσκασε.

We took them, the holy relics, and we carried them elsewhere.
We took them, and transported them with honor and with love.

And do you know? The temple afterward was better indeed!
For in no time at all a raging great fire broke out,
a fire that blazed ferociously,
until the temple burned to the ground, and with it Apollo.

The idol was reduced to ashes, waiting to be swept out with the trash.

Julian just completely blew up, and he let a rumor spread—
what else could he do?—that we, we Christians,
had started the blaze. Let him say what he will.
It was never proved. Let him say what he will.
The important thing is that he completely blew up.

Plates

Κεριὰ

Τοῦ μέλλοντος ἡ μέρες στέκοντ' ἐμπροστά μας
σὰ μιὰ σειρὰ κεράκια ἀναμένα —
Χρυσά, ζεστά, καὶ ζωηρὰ κεράκια.

Ἡ περασμένες μέρες πίσω μένουν,
μιὰ θλιβερὴ γραμμὴ κεριῶν σβυσμένων·
τὰ πιὸ κοντὰ βγάζουν καπνὸν ἀκόμη,
κρύα κεριά, λυωμένα, καὶ κυρτά.

Δὲν θέλω νὰ τὰ βλέπω· μὲ λυπεῖ ἡ μορφή των,
καὶ μὲ λυπεῖ τὸ πρῶτο φῶς των νὰ θυμοῦμαι.
Ἐμπρὸς κυττάζω τ' ἀναμένα μου κεριά.

Δὲν θέλω νὰ γυρίσω νὰ μὴ διῶ καὶ φρίξω
τί γρήγορα ποῦ ἡ σκοτεινὴ γραμμὴ μακραίνει,
τί γρήγορα ποῦ τὰ σβυστὰ κεριὰ πληθαίνουν.

Plate I. Κεριὰ (Candles)

Τὸ Πρῶτο Σκαλὶ

Εἰς τὸν Θεόκριτο παραπονιοῦνταν
μιὰ μέρα ὁ νέος ποιητὴς Εὐμένης·
«Τώρα δυὸ χρόνια πέρασαν ποὺ γράφω
κ' ἕνα εἰδύλλιο ἔκαμα μονάχα.
Τὸ μόνον ἄρτιόν μου ἔργον εἶναι.
Ἀλλοίμονον, εἶν' ὑψηλὴ τὸ βλέπω,
πολὺ ὑψηλὴ τῆς Ποιήσεως ἡ σκάλα·
κι ἀπ' τὸ σκαλὶ τὸ πρῶτο ἐδῶ ποὺ εἶμαι
ποτὲ δὲν θ' ἀναιβῶ ὁ δυστυχισμένος.»
Εἶπ' ὁ Θεόκριτος· «Αὐτὰ τὰ λόγια
ἀνάρμοστα καὶ βλασφημίες εἶναι.
Κι ἂν εἶσαι στὸ σκαλὶ τὸ πρῶτο, πρέπει
νἆσαι ὑπερήφανος κ' εὐτυχισμένος.
Ἐδῶ ποὺ ἔφθασες, λίγο δὲν εἶναι·
τόσο ποὺ ἔκαμες, μεγάλη δόξα.
Κι αὐτὸ ἀκόμη τὸ σκαλὶ τὸ πρῶτο
πολὺ ἀπὸ τὸν κοινὸ τὸν κόσμο ἀπέχει.
Εἰς τὸ σκαλὶ γιὰ νὰ πατήσεις τοῦτο

Plate II. Τὸ Πρῶτο Σκαλὶ (The First Step) lines 1-18

Πρέπει μὲ τὸ δικαίωμά σου νᾶσαι
πολίτης εἰς τῶν ἰδεῶν τὴν πόλι.
Καὶ δύσκολο σὴν πόλι ἐκείνη εἶναι
καὶ σπάνια νὰ σὲ πολιτογραφήσουν.
Σὴν ἀγορά της βρίσκεις Νομοθέτας
ποῦ δὲν μὲ κανένας τυχοδιώκτης.
Ἐδῶ ποῦ ἔφθασες, λίγο δὲν εἶναι·
τόσο ποῦ ἔκαμες, μεγάλη δόξα.'

Plate III. Τὸ Πρῶτο Σκαλὶ (The First Step) lines 19-26

Ἀπιστία

"Πολλὰ ἄρα Ὁμήρου ἐπαινοῦντες ἄλλα τοῦτο
"οὐκ ἐπαινεσόμεθα . . . . οὐδὲ Αἰσχύλου, ὅταν φῇ ἡ
"Θέτις τὸν Ἀπόλλω ἐν τοῖς αὑτῆς γάμοις ἄδοντα
    "ἐνδατεῖσθαι τὰς ἑὰς εὐπαιδίας,
"νόσων τ' ἀπείρους καὶ μακραίωνας βίους.
"Ξύμπαντα τ' εἰπὼν θεοφιλεῖς ἐμὰς τύχας
"παιῶν' ἐπευφήμησεν, εὐθυμῶν ἐμέ.
"Κἀγὼ τὸ Φοίβου θεῖον ἀψευδὲς στόμα
"ἤλπιζον εἶναι, μαντικῇ βρύον τέχνῃ.
"ὁ δ' αὐτὸς ὑμνῶν, ...
" . . . . . . αὐτὸς ἐστὶν ὁ κτανὼν
"τὸν παῖδα τὸν ἐμόν."

                    Πλάτων, Πολιτείας Β'.

Σὰν πάντερναν τὴν Θέτιδα μὲ τὸν Πηλέα
σηκώθηκε ὁ Ἀπόλλων στὸ λαμπερὸ τραπέζι
τοῦ γάμου, καὶ μακάριος τοὺς νεόνυμφους
μιὰ τὸν βλαστὸ ποῦ θάβγαινε ἀπ' τὴν ἕνωσί των.
Εἶπε· Πολὺ αὐτὸν ἀρρώστια δὲν θὰ ἤγγιζε
καὶ θάχει μακρυνὴ ζωή. — Αὐτὰ σὰν εἶπε
ἡ Θέτις χάρηκε πολύ, γιατὶ τὰ λόγια
τοῦ Ἀπόλλωνος ποῦ γνώριζε ἀπὸ προφητεῖες
τὴν φάνηκαν ἐγγύησι γιὰ τὸ παιδί της.

Plate IV. Ἀπιστία (Perfidy) lines 1-9

432

Κι ὅταν μεγάλωνεν ὁ Ἀχιλλεύς, καὶ ἦταν
τῆς Θεσσαλίας ἔπαινος ἡ ἐμορφιά του,
ἡ θέλει τῷ θεῷ τὰ δῶρα εὐδωρείνταν.
Ἀλλὰ μιὰ μέρα ἦρθαν γέροι μὲ εἰδήσεις,
κ' εἴπαν τὸν σκοτωμὸ τῶ Ἀχιλλέως σὴν Τροία.
Κ' ἡ θέλει ξίσχισε τὰ πορφυρά της ροῦχα
κ' ἔβγαψε ἀπὸ πάνω της καὶ ξεπετοῦσε
σὸ χώμα τὰ βραχιόλια καὶ τὰ δαχτυλίδια.
Καὶ μὲς σὸν ὀδυρμό της τὰ σημὰ θυρήδη·
καὶ ρώτησε τί ἔκαμνε ὁ σοφὸς Ἀπόλλων,
ποῦ γύρηξε ὁ ποιητὴς ποῦ στὰ τραούδια
Ἔξοχα ὁμιχεῖ, ποῦ γύρηξε ὁ στοργηλης
ὅταν τὸν υἱό της σκότωναν στὰ στάλα νιάτα.
Κ' οἱ γέροι τὴν ἀπήντησαν πὼς ὁ Ἀπόλλων
αὐτὸς ὁ ἥλιος ἐκαλέβηκε σὴν Τροία,
καὶ μὲ τοὺς Τρῶας σκότωσε τὸν Ἀχιλλέα.

_____

Plate V. Ἀπιστία (Perfidy) lines 10-25

Περιμένοντας τοὺς Βαρβάρους

— Τι περιμένουμε στὴν ἀγορὰ συναθροισμένοι;
  Εἶναι οἱ βάρβαροι νὰ φθάσουν σήμερα.

— Γιατί μέσα στὴν Σύγκλητο μιὰ τέτοια ἀπραξία;
  Τι κάθοντ' οἱ Συγκλητικοὶ καὶ δὲν νομοθετοῦν;

  Γιατί οἱ βάρβαροι θὰ φθάσουν σήμερα.
  Τι νόμους πιὰ θὰ κάμουν οἱ Συγκλητικοί;
  Οἱ βάρβαροι σὰν ἔλθουν θὰ νομοθετήσουν.

— Γιατί ὁ αὐτοκράτωρ μας τόσο πρωὶ σηκώθη,
  καὶ κάθεται στῆς πόλεως τὴν πιὸ μεγάλη πύλη
  στὸν θρόνο ἐπάνω, ἐπίσημος, φορώντας τὴν κορώνα;

  Γιατί οἱ βάρβαροι θὰ φθάσουν σήμερα.
  Κι ὁ αὐτοκράτωρ περιμένει νὰ δεχθεῖ
  τὸν ἀρχηγό τους. Μάλιστα ἑτοίμασε
  γιὰ νὰ τὸν δώσει μιὰ περγαμηνή. Ἐκεῖ
  τὸν ἔγραψε τίτλους πολλοὺς κι ὀνόματα.

— Γιατί οἱ δυό μας ὕπατοι κ'οἱ πραίτορες ἐβγῆκαν
  σήμερα μὲ τὲς κόκκινες, τὲς κεντημένες τόγες

Plate VI. Περιμένοντας τοὺς Βαρβάρους (Waiting for the Barbarians)
  lines 1–17

Plate VII. Περιμένοντας τοὺς Βαρβάρους (Waiting for the Barbarians)
    lines 18-36

Φωνές

Ἰδανικὲς φωνὲς κι ἀγαπημένες
ἐκείνων ποὺ πέθαναν, ἢ ἐκείνων ποὺ εἶναι
γιὰ μᾶς χαμένοι σὰν τοὺς πεθαμένους.

Κάποτε μὲς τὰ ὄνειρά μας ὁμιλοῦνε·
κάποτε μὲς τὴν σκέψι τὲς ἀκούει τὸ μυαλό.

Καὶ μὲ τὸν ἦχο των γιὰ μιὰ στιγμὴ ἐπιστρέφουν
ἦχοι ἀπὸ τὴν πρώτη ποίησι τῆς ζωῆς μας —
σὰ μουσική, τὴν νύχτα, μακρυνή, ποὺ σβύνει.

Plate VIII. Φωνὲς (Voices)

Ἐπιθυμίες

Σὰν σώματα ὡραῖα νεκρῶν ποῦ δὲν ἐγέρασαν
καὶ τάκλεισαν, μὲ δάκρυα, σὲ μαυσωλεῖο λαμπρό,
μὲ ρόδα στὸ κεφάλι καὶ στὰ πόδια γιασεμιά —
ἔτσ' ἡ ἐπιθυμίες μοιάζουν ποῦ ἐπέρασαν
χωρὶς νὰ ἐκπληρωθοῦν· χωρὶς ν' ἀξιωθεῖ καμιὰ
τῆς ἡδονῆς μιὰ νύχτα, ἢ ἕνα πρωΐ της φεγγερό.

Plates IX. Ἐπιθυμίες (Desires)

Μονοτονία

Την μια μονότονην ημέραν άλλη
μονότονη, απαράλλακτη ακολουθεί. Θα γίνουν
τα ίδια πράγματα, θα ξαναγίνουν πάλι —
η όμοιες στιγμές μας βρίσκουνε και μας αφίνουν.

Μήνας περνά και φέρνει άλλον μήνα.
Αυτά που έρχονται κανείς εύκολα τα εικάζει·
είναι τα χθεσινά τα βαρετά εκείνα.
Και καταντά το αύριο πια σαν αύριο να μη μοιάζει.

Plate X. Μονοτονία (Tedium)

ENDNOTES

p. 31, "The Funeral of Sarpedon"
Sarpedon, son of Zeus and Laodameia, was king of Lycia.

p. 37, "The First Step"
The poet Theokritos (Theocritus) came into prominence around 270 BCE. He is believed to have been born in Syracuse and spent time in Alexandria.

p. 41, "Che Fece... Il Gran Rifiuto"
The title is taken from Dante, *Inferno* III.60: "Who made [through cowardice] the great denial."

p. 43, "Intrusion"
Achilles and Demophoon did not become immortal because the father of the former, Peleus, king of Phthia, and the mother of the latter, Metaneira, queen of Eleusis, prevented Thetis and Demeter, respectively, from completing the passage through the ritual fire which would have made the two infants invulnerable to death.

p. 47, "Thermopylae"
The Greeks at Thermopylae were betrayed by Ephialtes of Trachis, who showed the Medes (Persians) a secret way around the pass.

p. 63, "King Demetrios"
In 288 BCE, the army of Demetrios I of Macedonia (the so-called "Besieger," 337 – 283 BCE), disenchanted with his constant wars, deserted him for his opponent, Pyrrhos of Epeiros.

p. 65, "The Cohort of Dionysos"
Damon is a fictitious sculptor. The figures described in the sculpture are *Akratos*, Intemperance; *Methe*, Intoxication; *Edyoinos*, Sweet Wine; *Molpos*, Tune; *Edymeles*, Melody; *Komos*, Revelry; *Telete*, Ritual.

p. 71, "He's the One"
"He's the One," is a phrase from the *Dream* of Lucian of Samosata (circa 115 – 180 CE) who chose to become a man of letters when he dreamt that *Paideia* "Learning" promised him: "And if you journey to foreign lands, you will not be an unknown, because I will endow you with such gifts that anyone who sees you will be pointing at you, saying, 'He's the one!'"

p. 77, "The Satrapy"
Three kings of the Persian Empire were named Artaxerxes, of whom this poem may refer to the first (reigned 464 – 424 BCE). Sousa was their capital city.

p. 79, "The Ides of March"

According to Plutarch, the sophist Artemidoros attempted to warn Julius Caesar of Brutus and Cassius' plot to assassinate him on March 15, but the letter which he passed to Caesar went unread.

p. 83, "Sculptor of Tyana"

The setting is Rome, late BCE or early CE.

p. 82, "The God Abandons Antony"

In 30 BCE, in the last stages of their civil war, Antony was besieged by Octavian in Alexandria. The god to whom the poem refers is Dionysos.

p. 89, "The Glory of the Ptolemies"

Lagides and Selefkides are dynastic names, referring to the Hellenistic kings of Egypt (the Ptolemies) and of Syria (the Seleucids) respectively; in neither case does Cavafy specify a particular ruler. The poem is set sometime between 323 – 221 BCE.

p. 99, "Philhellene"

The Zagros Mountains are on the border between Babylon and Media (Persia); southwest of Media, the city of Phraata was the winter residence of the kings of Parthia.

p. 101, "Herodes Attikos"

The first part of this poem refers to an actual event in the life of Herodes of Attika (circa 101 – 177 CE).

p. 103, "Alexandrian Kings"

The historical event to which this poem refers took place in 34 BCE.

p. 135, "Theodotos"

Theodotos of Chios, an instructor of rhetoric, is said to have suggested the assassination of Pompey and even brought to Julius Caesar, afterward, Pompey's head and signet ring.

p. 147, "Orophernes"

Orophernes was thought to be the son of Ariarathes IV. He ascended the throne of Cappadocia in 157 BCE. A tetradrachm is a four-drachma coin.

p. 151, "The Battle of Magnesia"

In 197 BCE, Philip VI of Macedonia suffered a decisive defeat at the hands of the Romans when Antiochos III of Syria failed to rally to his side in the Battle of Cynoscephalae. In 190 BCE, Antiochos himself was defeated at Magnesia.

p. 153, "Manuel Komnenos"

The first stanza of this poem refers to historical events in the life of the Byzantine Emperor Manuel I Komnenos (1118 – 1180 CE).

p. 155, "The Displeasure of Selefkides"
Exiled by his brother Ptolemy Evergetes, Ptolemy Filometor went to
Rome in 164 BCE to solicit aid for his restoration to the throne of Egypt;
the young Demetrios of this poem, who would later ascend the throne
of Syria as Demetrios Soter, was at that time a hostage in Rome.

p. 165, "Before the Statue of Endymion"
Likely an imaginary character (4th or 5th Century CE) The sanctuary
of Endymion, beloved of Selene, was in Latmos, east of Miletos.

p. 169, "In a Town of Osroine"
Remon: an imaginary character. The character of Charmides appears
in the fifth-century Platonic dialogue of the same name.

p. 175, "One of Their Gods"
The Selefkia (Seleucia) of this poem may be the great Hellenistic city
on the Tigris, founded by Selefkos I Nikator.

p. 185, "In the Month Athyr"
The month of Athyr, named after the Egyptian goddess of tombs and
love, overlaps September and October. The inscription and the character
Lefkios are imaginary.

p. 197, "Caesarion"
Caesarion was the eldest of Cleopatra's children and the only son of Julius
Caesar. Following Antony's defeat in 30 BCE, Octavian had the young man
put to death: he had been advised that two Caesars were one too many.

p. 203, "The Tomb of Lanes"
The multicultural nature of Alexandria is illustrated by the characters'
names: the Greek Lanes, the Roman Markos (Marcus), and the Egyptian
Rametichos.

p. 207, "Nero's Tenure"
Galba, governor of Hispania Tarraconensis, was proclaimed Emperor by
the Spanish legions in 68 CE.

p. 209, "Envoys from Alexandria"
The joint rule of the Ptolemies Evergetes and Filometor was marked by
constant intrigues; briefly exiled, the latter was restored to the throne of
Egypt in 163 BCE. See also "The Displeasure of Selefkides."

p. 211, "Aristovoulos"
Encouraged by his mother Kypros and his sister Salome, in 36 BCE Herod
the Great ordered the drowning of Aristovoulos III, the brother of his wife
Mariamne and the last male heir of the Hasmoneans, the dynasty of the
Maccabees.

p. 217, "Aemilianos Monae, Alexandrian, 628 – 655 CE"
An imaginary character. Alexandria was conquered by the Arabs in 641 CE.

p. 233, "Imenos"
Imenos is a fictitious character. The Byzantine Emperor Michael III (reigned 842 – 867 CE) was known as "the Drunkard."

p. 237, "Of Demetrios Soter (162 – 150 BCE)"
In 175 BCE, the young Demetrios was sent by his father Selefkos IV Philopator as a hostage to Rome. He escaped confinement in 162 BCE and ascended the throne of Syria; his claim was challenged, however, by Alexandros Valas, who with the backing of the satrap Herakleides, Attalos II Philadelphos, and Ptolemy VI Philometor, finally defeated and killed Demetrios in 150 BCE. See also "The Displeasure of Selefkides."

p. 243, "If Indeed Dead"
The life of the Neo-Pythagorean philosopher and wonder-worker Apollonios of Tyana, born in Cappadocia early in the first century CE, is known almost solely through the biography commissioned nearly two centuries later by the Roman Empress Julia Domna; among other sources, its author Philostratos cites a record kept by Damis, a disciple of Apollonios. The second stanza of the poem is set during the rule of the Byzantine Emperor Justin I (reigned 518 – 527 CE).

p. 247, "Young Men of Sidon (400 CE)"
The city of Sidon was on the coast of Phoenicia, now southern Lebanon. The poets mentioned in the third stanza are Meleagros of Gadara, the epigrammatist credited with compiling the *Greek Anthology* in the first century BCE; Krinagoras of Mytilene, a more minor epigrammatist of the same century; and Rianos of Crete, a third-century BCE epic poet and philologist. Aischylos (Aeschylus) died in Gela, Sicily, in 456 BCE; the "particular quatrain" with which the young man takes issue is traditionally ascribed to the playwright himself.

p. 251, "Dareios"
The scene and Phernazes are probably imaginary. Not counting his predecessor Cyrus the Great, Dareios (Darius) Hystaspes may be considered the greatest of the Achaemenid kings of Persia (reigned 521 – 485 BCE). His invading armies were famously defeated by the Greeks in the Battle of Marathon. The city of Amisos on the Black Sea belonged to the Hellenized Kingdom of Pontos, in northern Cappadocia; Mithridates VI of Pontos, after multiple clashes with Rome, was finally defeated by Pompey in 65 BCE.

p. 255, "Anna Komnene"
    The firstborn child of the Byzantine Emperor Alexios I Komnenos, Anna
    Komnene attempted to claim the throne over her brother Ioannes II
    (reigned 1118 – 1143 CE) in the name of her husband Nikephoros
    Bryennios, whose death in 1137 put an end to her efforts. She is the
    author of the *Alexiad*, a biography of her father and an invaluable source
    of political and military history.

p. 259, "A Byzantine Nobleman, Exiled, Composing Verses"
    The Byzantine Emperor Nikephoros III Votaneiates (reigned 1078 – 1081 CE)
    was overthrown by Alexios I Komnenos, whose wife was Eirene Doukaina.

p. 263, "The Favor of Alexandros Valas"
    Alexandros Valas was king of Syria from 150 – 145 BCE.

p. 265, "Melancholy of Iason Kleandros, Poet from Kommagene, 595 CE"
    Kleandros is an imaginary character. Kommagene (Commagene), a small
    city-state in the northeast of Roman Syria, was part of the Byzantine
    Empire until it was lost to the Arabs in 638 CE. It had previously been
    overrun in 595 CE by the armies of Khosrau II of Persia.

p. 267, "Demaratos"
    Demaratos was king of Sparta from 515 until 491 BCE, when he was
    overthrown by his co-king Kleomenes I and his eventual successor
    Leotychidas, who claimed he was not a legitimate son of his royal father
    Ariston and bribed the oracle at Delphi to pronounce against him.

p. 273, "From the School of a Renowned Philosopher"
    The poem is set prior to 243 CE, the year in which the Neoplatonist
    philosopher Ammonios Sakkas died. Among his students were counted
    Longinus, Plotinus, and Origen.

p. 277, "Craftsman of Wine *Krateres*"
    The poem is set around 175 BCE, when Herakleides was treasurer to
    Antiochos IV Epiphanes.

p. 281, "For Those Who Fought for the Achaian League"
    Written in 1922, the year of the Turkish defeat of the Greek Army and
    the expulsion of the Greeks from Asia Minor. The fictional Achaian
    epigrammatist, writing in 109 BCE, refers to the last attempt of the
    Achaian League (280 – 146 BCE) to preserve the independence of mainland
    Greece following the defeat of the generals Diaios and Kritolaos by the
    Romans. In Egypt, too, the reign of Ptolemy Lathyros was coming to an
    end with the rising Roman tide.

p. 283, "To Antiochos Epiphanes"
The setting and the young favorite of Antiochos IV Epiphanes (174-164 BC) are likely fictitious. The father of Antiochos IV Epiphanes (reigned 175 – 164 BCE) was Antiochos III the Great, defeated by the Romans in the Battle of Magnesia in 190 BCE; his brother was Selefkos IV Philopator, assassinated in 175 BCE. With the defeat of Perseus of Macedonia at Pydna in 168 BCE, the authority of Hellenistic Macedonia effectively ended. See also "The Battle of Magnesia."

p. 291, "Julian Seeing Indifference"
The efforts of Julian the Apostate (reigned 361 – 363 CE) to reorganize the old pagan religion according to the model of the Christian Church were not met with success. The phrase "therefore seeing indifference toward the gods" is taken from a letter to Theodoros, whom he had appointed High Priest of Asia, elaborating on doubts earlier expressed to the High Priest of Galatia. Due to its ethnic mix of Celts and Greeks, Galatia in Asia Minor was often referred to as the Gaul of the East.

p. 293, "Epitaph of Antiochos, King of Kommagene"
The Antiochos of Kommagene described in this poem is likely the first of that name (reigned 70 – 38 BCE).

p. 295, "Theater of Sidon (400 CE)"
The narrator is likely imaginary. Those "dressed in gray" were Christians. By "those... dressed in gray," the narrator means the Christians.

p. 299, "Julian in Nikomedia"
The setting is Nikomedia, the central city of Vythinia and only recently displaced by Constantinople as the eastern capital of the Roman Empire; the year is 351 CE, when the young Julian began to gravitate toward paganism. There he studied under Chrysanthios and Maximos (Maximus of Ephesos), both Neoplatonist philosophers; Mardonios was his Philhellene tutor. In that same year, Julian's half-brother Gallus was declared Caesar by the Emperor Konstantios (Constantius) II, who later had him executed in 354 CE.

p. 305, "In Alexandria, 31 BCE"
Antony and Cleopatra were finally defeated by Octavian in the sea-battle of Actium in 31 BCE, but Cleopatra attempted to hide the truth, presenting herself in Alexandria as victorious.

p. 307, "Ioannes Kantakouzinos Prevails"
In 1341 CE, the dying Andronikos III Palaiologos appointed as regent the wealthy landowner Ioannes VI Kantakouzinos, which led to open hostilities with Andronikos' widow, Anna of Savoy. In the ensuing civil war, Anna had the support of the Patriarch, but in 1347 Kantakouzinos was established as Emperor of Byzantium.

p. 311, "Temethos, Antiochian, 400 CE"
"The year One Hundred Thirty-Seven of the Greek kingship" is 175 CE; Samosata is the capital city of Kommagene.

p. 313, "Of Colored Glass"
The coronation of Ioannes VI Kantakouzinos and his wife Eirene Asanina took place in 1347 CE at the church at Vlachernai, since the cathedral of Hagia Sophia was in disrepair. In her war with Kantakouzinos, Anna of Savoy had drained the imperial treasury.

p. 315, "By an Italian Shore"
In 146 BCE, the consul Lucius Mummius crushed the Achaian League at Lefkopetra, looting and razing Corinth, and selling into slavery those of its population not killed outright.

p. 317, "Apollonios of Tyana in Rhodes"
The event described in this poem is related in Philostratos' *Life of Apollonios Tyana*.

p. 325, "Kleitos' Illness"
The setting is the fourth century CE.

p. 327, "In a Township of Asia Minor"
The year is 31 BCE, following the defeat of Antony and Cleopatra at Actium.

p. 329, "Priest at the Serapeion"
The Serapeion, the renowned temple of Serapis in Alexandria, was founded by Ptolemy III in the third century BCE and destroyed in 392 CE by order of the Emperor Theodosius I.

p. 333 "A Great Procession of Clerics and Laymen"
In 363 CE, not long after his eight-month sojourn in Antioch, Julian the Apostate was killed while on campaign against the Sassanid Empire. He was succeeded by the Christian Jovian, who reigned for a mere seven months.

p. 335, "Sophist Leaving Syria"
The characters and events are likely imaginary. A stater is an ancient gold or silver coin worth, in some times and places, as much as twenty or twenty-eight drachms.

p. 337, "Julian and the Antiochians"

The fallibility of the puritanical changes which Julian the Apostate had made to the old Roman pagan was mercilessly exposed during his eight-month stay in Antioch; the poem's epigraph is taken from the bitter satire of himself with which he responded to the Antiochians. Konstantios (Constantius, reigned 337 – 361 CE) II, a cousin of Julian's and a Christian, had preceded him to the throne.

p. 341, "Anna Dalassene"

In 1081 CE, before departing for battle, Alexios I Komnenos transferred all imperial powers to his mother.

p. 359, "In Sparta"

In return for his aid in the war with Macedonia and the Achaian League, Ptolemy III demanded that the mother and children of Kleomenes III of Sparta be sent as hostages to Alexandria.

p. 367, "A Sovereign from Western Libya"

Libya in classical and post-classical times referred to North Africa.

p. 369, "Kimon, Son of Learchos, 22, Student of Greek Letters (in Kyrene)"

A colony of Thera, Kyrene (Cyrene) was the center of Greek intellectual and commercial activity in North Africa.

p. 373, "On the March toward Sinope"

The poem most likely refers to Mithridates V Evergetes, assassinated by his wife in 120 BCE. The seer may be fictional, but he alludes to an event recorded in Plutarch: in 301 BCE, Mithridates II was so warned and saved by his friend Demetrios, who would later become king of Macedonia and the so-called "Besieger" (*Poliorketes*).

p. 379, "Myres; Alexandria, 340 CE"

The poem is set at a time of great political and religious upheaval: there is civil strife between the two sons of Constantine the Great and tension between the followers of Areios (Arius) in Alexandria and those of Athanasios, in exile at Rome.

p. 385, "Alexandros Iannaios and Alexandra"

As king and queen of Judaea, Iannaios (Jannaeus) and Alexandra reigned from 103 – 76 BCE, during the short period of independence between Hellenistic and Roman dominations.

p. 391, "Come, O King of the Lacedaemonians"

In 222 BCE, Kleomenes III of Sparta, overwhelmingly defeated by Antigonos III of Macedonia, took refuge in Alexandria with his ally Ptolemy III; he was soon arrested and imprisoned, however, by the latter's successor, Ptolemy IV. After his attempts to raise a revolt failed, he committed suicide in 220 BCE. Ptolemy subsequently had Kleomenes' mother (see also "In Sparta") put to death. The quotations are taken from Plutarch's *Life of Kleomenes*.

p. 403, "They Should Have Thought"

The poem is set around 128 – 123 BCE. *Kakergetes* "Malefactor" was a nickname of Ptolemy Evergetes "Benefactor" (reigned 145 – 116 BCE), along with *Physkon* "Potbelly." The pretender Alexandros, who in 128 BCE usurped the throne of Syria with the aid of Evergetes' son Ptolemy Lathyros and was overthrown in 123 BCE by Antiochos III *Grypos* "Hook-Nose," was nicknamed *Zabinas* "Slave." Ioannes Hyrkanos (Hyrcanus, reigned 134 – 104 BCE), the son of Simon Maccabaeus and the second prince of the Hasmonean dynasty, benefited from the internal turmoil in Syria.

p. 411, "In the Year 200 BCE"

As an offering to Athena, Alexander the Great sent three hundred suits of Persian armor back to Athens with the dedication: "Alexander, son of Philip, and the Greeks except the Lacedaemonians, from the barbarians inhabiting Asia." Granikos (Granicus), Issos (Issus), and Arvela (Arbela) are all sites of Alexander's victories against the Persian Empire. Baktria is located in present-day Afghanistan.

p. 423, "In the Outskirts of Antioch"

Vavylas was bishop of Antioch (237 – 253 BCE).

Index of Greek First Lines

Index of English First Lines

STRATIS HAVIARAS was born in 1935 in Greece, where his first four books of poetry were published. In 1967 he emigrated to the United States, and until 2000, he held a number of positions at Harvard University, including Curator of the Poetry Room and Editor of *Harvard Review*. His books in English include two collections of poems and two novels. He teaches creative writing at Harvard University and at the European Center for the Translation of Literature, in Athens, Greece.

DANA BONSTROM was born in 1954 in Saint Cloud, Minnesota. A writer and editor, he lives in Belmont, Massachusetts, with his wife, Elizabeth, and their four children.

MANUEL SAVIDIS was born in 1959 in Athens, where he works as an editor and publisher. He is the director of the Center for Neo-Hellenic Studies, and the curator of the Cavafy Archive.